AF533722

Heidi Fruhstorfer

München
Da schau her!

Geschichten & Anekdoten

Bildnachweis:
Bayerische Staatsbibliothek/Bildarchiv: Seite 12
Bayerische Staatsbibliothek/Georg Fruhstorfer: Seiten 8, 9, 21, 27, 33, 35, 37, 45, 48, 54, 57, 61, 63, 64, 65,67, 71, 76, 78
Bayerische Staatsbibliothek/Felicitas Timpe: Seiten 30,74
Archiv des Erzbistum München-Freising/Pfarrarchiv St. Peter: Seite 7
Bayerisches Staatsministerium der Finanzen: Seite 24
Archiv Heidi Fruhstorfer: Seiten 15, 16
Foto : Heidi Fruhstorfer: Seite 25
BR/Foto Sessner in Lizenz der BR media Service GmbH: Seite 41
Dpa Picture Alliance/Keystone: Seite 50
Titelbild: Bayerische Staatsbibliothek/Georg Fruhstorfer,
Romy Schneider und der Schauspieler und Regisseur Horst Hächler bei der Salvatorprobe auf dem Nockherberg im März 1956.

Quellennachweis:
Bayerische Staatsbibliothek, München
„Die Münchner Stadtchronik", Stadtarchiv München
Kurt Seeberger und Gerhard Rauchwetter „München 1945 bis heute, Chronik eines Aufstiegs"
Ernst Höntze „Der Wiederaufbau der Peterskirche"
Archiv Hoch- und Grundbau-Unternehmung Dr. Ing. Brannekämper
DIE ZEIT Archiv/1950
Süddeutsche Zeitung
Münchner Merkur

Danksagung:
Wir danken allen Lizenzträgern für die freundliche Abdruckgenehmigung. In Fällen, in denen es nicht gelang, Rechtsinhabern an Abbildungen zu ermitteln, bleiben Honoraransprüche gewahrt.
Außerdem danken wir Frau Dr. Cornelia Jahn, Leiterin der Abteilung Karten und Bilder der Bayerischen Staatsbibliothek, München, und ihren Mitarbeiterinnen und Mitarbeitern für ihre freundliche Unterstützung.

1. Auflage 2020

Layout: Da Forma Agentur für Gestaltung, Gudensberg
Satz: Schneider Professionell Design, Schlüchtern-Elm
Druck: Druckerei Zimmermann Druck + Verlag GmbH, Balve
Buchbinderische Verarbeitung: Buchbinderei S. R. Büge, Celle

34281 Gudensberg-Gleichen, Im Wiesental 1
Tel. 0 56 03 - 9 30 50   www.wartberg-verlag.de
ISBN 978-3-8313-3303-5

Inhalt

Vorwort

Als 1951 Sankt Peter, die im Krieg schwer beschädigte Kirche, im Volksmund der „Alte Peter“ genannt, am 18. August 1951 sein Richtfest feierte, schöpften die Menschen Mut und blickten zuversichtlich in die Zukunft. Vieles war möglich geworden.

Wer hätte je gedacht, dass nur 20 Jahre nach Beendigung der Hitler-Diktatur und des Zweiten Weltkrieges die Stadt München sich für die Ausrichtung der XX. Olympischen Sommerspiele 1972 bewerben würde. Wohl niemand! Und wer hätte je geglaubt, dass die Stadt, die im Zweiten Weltkrieg 45 Prozent ihrer gesamten Bausubstanz und 90 Prozent der historischen Altstadt eingebüßt hatte, in so kurzer Zeit wieder aufgebaut werden und sich als die Stadt präsentieren würde, die mit Leichtigkeit das riesige Unternehmen „Olympiade“ stemmen könnte. Als dann unser Oberbürgermeister Dr. Hans-Jochen Vogel beim Richtfest der Olympiabauten kundtat: „München ist olympiareif. Alles klappte wie am Schnürchen!“, staunten die Menschen und sagten: „Da schau her!“ Vielleicht auch deswegen, weil Bürger, Unternehmer und Politiker damals noch „Nägel mit Köpfen“ machten und Zeitpläne und Kalkulationen im Griff hatten.

Auch hatten die Münchner ihre Lebensfreude und ihren Humor nicht verloren. Dabei wurden sie wohl unterstützt von jenen Künstlern, die das Volksschauspiel pflegten und die Sorgen und Nöte der Menschen kannten. „Mir genga net unter“, sang auch Maxl Graf, einer der sich nicht unterkriegen ließ, wie so viele, die nach dem Krieg den Neuanfang suchten.

In diesem Büchlein erzähle ich Geschichten und Anekdoten aus jener Zeit, die 50 bis 70 Jahre zurückliegt. Mir erscheint es so, als wär’s erst gestern gewesen – doch es ist schon lange her! Und so fangen viele Geschichten an: „Es war einmal …“

Heidi Fruhstorfer

„Zum wiedererstandenen Alten Peter"

Wenn der Münchner Durst hat, trinkt er bekanntlich ein Bier. Dies tut er aus Freud und Leid. Wenn ihm aber vor lauter Freud' das Herz überläuft, dann macht er gleich ein Volksfest.
So geschah es anlässlich des Richtfestes der Sankt Peterskirche. Die im Krieg schwer beschädigte Kirche, im Volksmund der „Alte Peter" genannt, konnte am 18. August 1951 ihr Richtfest feiern. Nach dem Festakt wurden die Ehrengäste in zehn Bussen zum Hackerkeller gekarrt, wo Oberbürgermeister Thomas Wimmer unter dem Motto „Zum wiedererstandenen Alten Peter" ein 48-Hektoliter-Bierfass anzapfte. Und nicht nur dort floss das Freibier in Strömen. Vor dem „Alten Peter", im Hofbräuhaus und auf der Festwiese wurde kräftig gefeiert. Zur Freude aller übergab der Verein „Berliner Nothilfe" dem Oberbürgermeister einen ansehnlichen Spendenbetrag. Der öffnete das Kuvert, nahm den Scheck heraus und las die Mitteilung vor: „Kein Feuer, keine Liebe kann brennen so heiß, wie die heimliche Liebe zwischen Bayer und Preiß." Hoch erfreut hob der Wimmer Dammerl den Maßkrug und rief: „Ja, da schau her! Prost!"
Es war ein erhebendes Ereignis. Ganz München atmete auf, denn die Peterskirche – wohl älter als die Stadt selbst – symbolisierte mit ihrem Überdauern wohl auch den Überlebenswillen der Stadt. Dass die Münchner ihre Peterskirche endlich wieder hatten, verdankten sie in erster Linie den beiden Stadtpfarrern Max Zistl und Max Stritter, die sich vehement dafür eingesetzt hatten, dass die Urkirche Münchens, ein Wahrzeichen der Stadt, nicht dem Abriss preisgegeben wurde. Wie sehr hatten die Münchner gelitten unter dem schmerzvollen Anblick der in zwei Teile zerrissenen Kirchenruine, die zum Frieden mahnend vom Petersbergl herab auf die Menschen schaute, als ob sie sagen wollte: „Was hat man mir nur angetan?"

Einen entscheidenden Beitrag zur Rettung der Kirche und zu deren glänzendem Wiederaufbau hatte der erfahrene Dombaumeister Dr. Theodor Brannekämper geleistet. Er war es, der nicht nur St. Peter mit seinem 91 Meter hohen Turm wieder aufbaute. Brannekämper schloss das zerstörte Riesengewölbe von St. Michael und sicherte die Kuppel der Theatinerkirche. Auch der Wiederaufbau und die Instandsetzung der beschädigten Frauenkirche wurden ihm, dem erfahrenen Baumeister, anvertraut.

Dass das Herz der Stadt dank großzügiger Spenden Münchner Bürger wieder schlagen konnte, geschah nicht zuletzt aufgrund der am 28. Oktober 1950 erfolgten Gründung des „Wiederaufbauvereins Alter Peter“ durch den Mitherausgeber und Chefredakteur des „Münchner Merkur“, Felix Buttersack. In vielen Veröffentlichungen in seiner Zeitung wurde daraufhin für „die urmünchnerische Angelegenheit“ geworben. Bald hatte Buttersack bekannte Persönlichkeiten zur Teilnahme in den Vereinsgremien gewonnen und rührte die Werbetrommel, um immer wieder neue Geldquellen zu erschließen.

Am 28. Oktober 1951 wurde der äußere Wiederaufbau der Peterskirche vollendet. München hatte seinen „Alten Peter“, die Urkirche und ein Wahrzeichen der Stadt, wieder.

„Solang' der Alte Peter am Petersbergerl steht,
solang'die grüne Isar durchs Münchner Stadterl geht,
solang' da drunt am Platzl noch steht das Hofbräuhaus,
solang' stirbt die Gemütlichkeit in München niemals aus.
Solang' stirbt die Gemütlichkeit in München niemals aus!“

„Solang' der Alte Pe...“ – wer weiß heute noch, weshalb vor über 70 Jahren die Idee geboren wurde, das Pausenzeichen des neu geschaffenen Bayerischen Rundfunks bewusst so

Das Richtfest am Petersbergerl.

zu verstümmeln? Rudolf von Scholtz, der damalige Intendant dieses Senders, hatte nach der Gründung des „Wiederaufbauvereins Alter Peter“ am 28.10.1950 zugesagt, jene populäre Kennmelodie für die Dauer der Instandsetzungsarbeiten am kriegsbeschädigten Turm um einen Ton zu kürzen. Damit sollte auch über die Stadtgrenzen hinaus die Aufmerksamkeit auf dieses Projekt gelenkt und an die Spendenbereitschaft weiterer Bevölkerungskreise appelliert werden. Mit Erfolg! Bereits am 28. Oktober 1951 erklang der Anfang des Petersliedes wieder vollständig: „Solang' der Alte Peter“.

Das „Platzl" am Platzl

Nicht ganz 100 Jahre, doch fast, nämlich von 1901 bis zu seiner Schließung im Jahre 1995, war das Theater am Platzl die Bühne, deren Bretter für die Münchner Volkssänger und Volksschauspieler die Welt bedeuteten. Als nach dem Krieg und der Währungsreform sich zaghaft die ersten Triebe eines erwachenden kulturellen Neuanfangs regten, übernahm der beliebte Schauspieler Michl Lang, den man schon aus Vorkriegszeiten kannte, für drei Jahre die Direktion des Volkstheaters „Platzl". Die Menschen, nach entbehrungsreichen Jahren ausgehungert, sehnten sich nach Unterhaltung und Musik, nach bayerischen Volksstücken, nach humoristischen Darbietungen, lustigen Sketchen und einer fröhlichen, handfesten Gaudi. So war der Besuch im „Platzl", dem Theater

Michl Lang – der beliebte Volksschauspieler.

Ludwig Schmid-Wildy, der Prinzipal des „Platzl“ und Franzi Kinateder, die Stimmung ins Theater brachte.

gegenüber dem Hofbräuhaus, eine willkommene Abwechslung, zumal man vor oder nach der Vorstellung noch eine Maß oder mehrere zu sich nehmen konnte.

Eines Tages, so ganz unvermittelt, erschien nach Michl Langs Auftritt auf selbiger Bühne „ein junger Spund“, wie ihn der Lang Michl nannte, von dem er im ersten Moment gar nicht wusste, was da auf ihn zukam. Es war der 25-jährige Rundfunkregisseur Kurt Wilhelm, der den „alten Hasen“ für eine nach amerikanischem Vorbild zu gestaltende Familienfortsetzungsstory gewinnen wollte. Kurt Wilhelm über seine damalige Begegnung: „I bin ins ‚Platzl' ganga und hab' sofort g'merkt, der Mann beherrscht die Szene und bringt etwas, was in der damaligen Zeit selten war. Durch den Joe Stöckel und die bayerischen Filmkomödien haben wir die etwas deftige ‚Deppenhumorigkeit' gehabt. Nicht so der Michl, der war wie ein Charakterdarsteller, nur eben bayerisch. Es war alles sehr dezent bei ihm. Wenn er zum Beispiel unbeholfen war, dann war das eine zarte und schüchterne Unbeholfenheit und das hat mir besonders gefallen. Ich habe sofort gewusst, das ist mein Hauptdarsteller für die ‚Brumml-G'schichten'."

Die Hörfunkserie der 50er-Jahre „Brumml-G'schichten" wurde ein Riesenerfolg. Gesprochen und gespielt haben Liesl Karlstadt als Frau Brumml, der Lang Michl als Herr Brumml und – wie's damals so üblich war, gab's in fast jeder größeren Münchner Wohnung einen Untermieter, den sogenannten Zimmerherrn, den der „ernste Komiker" Rudolf Vogel darstellte. Die Hörspielserie wurde zur Kultserie der Nachkriegszeit. Inzwischen hatte Michl Lang seinem Kollegen Ludwig Schmid-Wildy die Leitung des „Platzls" übertragen. Schmid-Wildy, Schauspieler und Bühnenautor brachte es fertig, an die 200 Stücke für das so beliebt gewordene „Platzl" zu schreiben. In den 50er- und 60er-Jahren zum Renner geworden, erfreute sich die Bühne nicht nur bei Einheimischen, sondern auch bei der wachsenden Zahl an Touristen, die jetzt wieder gerne in die aufstrebende Großstadt kamen, größter Beliebtheit.

Und dann war da noch die Franzi Kinateder, die Volkssängerin, Jodlerin und Kuhglockenspielerin, die sich der Schmid-Wildy 1967 ins Ensemble holte. Die attraktive Blondine brachte Stimmung unters Publikum und blieb dem Theater bis zur Schließung im Jahre 1995 treu.

Das „Münchner Kindl" auf dem Rathausturm

120 Schritte sind es vom „Platzl" am Platzl bis zum Marienplatz. Und diese 120 Schritte ging der Ludwig Schmid-Wildy, Oberspielleiter des Theaters „Platzl" in den 1950er- und 1960er-Jahren ziemlich oft, dann nämlich, wenn er am Marienplatz in die Trambahn stieg. Ein jedes Mal blickte der Künstler hinauf zum Rathausturm und lächelte so vor sich hin. Dann erinnerte er sich an seine Kindheit, denn er war es, der als Bub Modell für das „Münchner Kindl", ganz oben auf der Spitze des Rathausturmes gestanden hatte. So hatte er schon damals darstellerische Disziplin bewiesen.

Als nämlich sein Vater, der Bildhauer Anton Schmid, anno 1905 den Auftrag erhielt, für die Spitze des 85 Meter hohen Turmes des Neuen Rathauses in München ein Münchner Kindl zu schaffen, brauchte er nicht lange nach einem Modell zu suchen. Von seinen drei Kindern, Maria, Anton und Ludwig, war der acht Jahre alte Wiggerl als Modell geradezu wie geschaffen. Ein Vierteljahr arbeitete der bekannte Schwabinger Bildhauer an seinem 1,50 Meter großen, in Kupfer getriebenem Werk, das nun seit Anfang des Jahrhunderts vom Rathausturm herunter grüßt. Für den Buben war dieses Modellstehen damals eine feine Sache, und er wünschte sich sehnlichst, selbst einmal ein Bildhauer zu werden. Doch der Vater meinte das wäre ein Hungerleiderberuf und schickte den Buben in eine Kochlehre. Der Wiggerl gab sich zufrieden, war ein Streber und noch nicht zwanzigjährig bereits in den Hofküchen des Kronprinzen Rupprecht von Bayern und später bei der Königin Maria Sophie von Sizilien, einer Schwester der österreichischen Kaiserin Sissi, tätig. Doch das Hantieren mit dem Kochlöffel schmeckte dem ehrgeizigen Ludwig bald nicht mehr.

Modell fürs „Münchner Kindl" auf dem Rathausturm stand der achtjährige Wiggerl (v.l.n.r.): Maria, Anton, Ludwig und Vater Anton Schmid.

Während des Ersten Weltkrieges stieß er zu einer Theatertruppe. Ein Bühnenfachmann, der seine besondere Begabung erkannte, überredete den jungen Mann, Schauspieler zu werden. Der rührige Ludwig, immer auf der Suche nach etwas Neuem, versuchte sich als Mime und tingelte durch ganz Deutschland, wurde Mitbegründer des Landestheaters für die Pfalz und das Saargebiet sowie Bühnenvorstand in verschiedenen Städten. Wieder in München, leitete der Schmid-Wildy von 1952 bis 1975 das bei Einheimischen und Touristen so beliebte „Platzl".
Als Volkskünstler erfreute er sein Publikum als liebenswürdiges Schlitzohr mit hintergründigem Humor und mit seinen köstlichen Darstellungen in den Fernsehserien „Königlich Bayerisches Amtsgericht", „Münchner Geschichten", „Meister Eder und sein Pumuckl" und im „Komödienstadl".

Aus meiner Kindheit in der Maxvorstadt

Meine Kindheit und Jugend verbrachte ich ab 1949 bis Mitte der 1960er-Jahre in der Maxvorstadt und zwar im Benno-Viertel, vom Löwenbräukeller am Stiglmaierplatz ausgehend, zwischen Nymphenburger und Dachauer Straße gelegen, bis hin zur Lazarettstraße. Mittelpunkt dieses Stadtteils ist die mächtige neuromanische Sankt Bennokirche, dem Heiligen Benno geweiht, dem Schutzpatron der Stadt München.

Dort im Benno-Viertel waren die am meisten im Krieg zerstörten Straßenzüge, nämlich die, die an die umliegenden Gebäude der Max-II-Kaserne grenzten. So war das Quartier bevorzugtes Ziel der alliierten Luftangriffe geworden und auch wegen der Nähe zum Hauptbahnhof ins Visier der Bomber geraten.

Inmitten dieser Trümmerwüsten stand als Ruine unser bald wieder aufgebautes Wohnhaus in der Kreittmayrstraße. Einzelne Häuser hatten durch die Gnade des Zufalls unversehrt die Bombardements überlebt, viele Wohnhäuser, prächtige historische Bauten, auch das stattliche Wohnhaus des Elektropioniers Oskar von Miller, wurden dem Erdboden gleichgemacht.

Im Bennoviertel, auch „Miller-Viertel“ genannt, hatte die Münchner Dynastie des Erzgießers Ferdinand von Miller ihre Wurzeln. Hier stand ab 1822 die Königliche Erzgießerei, die sich im Laufe des 19. Jahrhunderts zu einer Weltfirma entwickelte. Ferdinand von Miller war der Schöpfer der weltberühmten „Bavaria“, des „Löwengespanns“ auf dem Siegestor und von unzähligen Denkmälern, Büsten und Brunnen. Sein wohl größtes monumentales Standbild, die „Germania“ auf dem Niederwalddenkmal bei Rüdesheim am Rhein, entstand hier in der Münchner Erzgießerei, auf der damals noch unbebauten Neuhauser Heide.

Irgendwann machte ich mich auf den Weg, meine Straße zu erkunden, denn vom Fenster unserer Wohnung aus hatte ich jede Menge spielender Kinder gesehen. Schon unser Rückgebäude war sehenswert. Eigentlich existierten nur noch der Keller und zwei wackelige Ruinenwände. Ein Schornstein ragte neben der Kellertreppe heraus. Die beiden Wände schwankten bei jedem Windstoß, brachten es aber nicht fertig einzustürzen. Irgendwann kamen starke Männer mit Seilen und zerrten an den beiden Mauern. Einer gab Kommando: „Hauruck, hauruck", riefen dann alle herumstehenden Zuschauer. „Kruzifix, jetzt, ziagst Buam, ziagst!". Endlich krachte alles zusammen und es staubte nur so, dass einem die Luft wegblieb. Ein herrliches Spektakel. Unten im Keller hausten zwei junge, immer freundliche Frauen

Nachkriegskind Heidi in der Kreittmayrstraße.

mit einem Kleinkind. Das war der Sami, so wurde er genannt. Ein Mischlingsjunge, der immer wenn er andere Kinder sah, in einen wahren Freudentaumel fiel. Dass die Damen viele Herrenbesuche hatten, meistens von amerikanischen Besatzungssoldaten, fiel mir schon auf, ich konnte mir aber keinen Reim darauf machen, was die wohl in der schäbigen Unterkunft zu suchen hatten.

In unserer Straße gab es drei Wirtshäuser. Der Pächter vom Kreittmayr Hof ließ sich sein Bier mittels eines Transporters aus dem niederbayerischen Ergolsbach anliefern, für die beiden anderen Wirtschaften kam das Bier mit dem Pferdefuhrwerk aus der unmittelbaren Nachbarschaft von der Löwenbrauerei. Von dort her holte ich täglich an der Gassenschänke für meinen Vater sein frisches Feierabendbier im Maßkrug. Das Eckhaus Sandstraße/Kreittmayrstraße war unversehrt geblieben. Dort, in dem Wirtshaus „Deutsche Eiche“, verbrachte die bayerische Dichterin Lena Christ als Wirts-Leni die Jahre ihrer Jugend von 1893 bis 1901.

Einen Kramerladen gab's, daneben das Milchgeschäft mit der „Millifrau“, bei der man sich für ein Zehnerl mit einem Glas gekühlter Buttermilch erfrischen konnte. Der Bäcker Ochsenreiter im Laden daneben buk bestes Brot, stellte Kuchen, „Schnecken“, „Teeblätter“ und „Amerikaner“ her und hatte die schönsten Torten in seinem Schaufenster ausgestellt. Zu Semesterzeiten, frühmorgens und am frühen Nachmittag, passierten jede Menge Studenten unsere Straße, hielten beim Bäcker und holten sich noch eine Butterbreze. Es waren die Studenten des Oskar-von-Miller-Polytechnikums in der Lothstraße, die sich mit Proviant eindeckten. Dann gab's noch die Frau Binder, die Zigaretten, Zeitungen und allerlei Krimskrams, u. a. Schusser und die so beliebten Wundertüten, verkaufte. Ihr konnte man auch

Nylonstrümpfe bringen, denn sie beherrschte die Kunst des Auffädelns von Laufmaschen. In einem wieder aufgebauten Haus zog ein Friseur ein und machte ein gutes Geschäft. Kalt- und Dauerwellen für die Damen kosteten zwei und fünf D-Mark. Er offerierte der Männerwelt einen „modernen Haarschnitt", doch meistens kamen altmodisch frisierte ältere Herren aus dem Geschäft heraus, weswegen die Jungen den Laden mieden. Dreimal wöchentlich zog ein schäbiges Vorkriegsauto einen Obstkarren daher, der exakt genau zwischen Millifrau und Bäcker Ochsenreiter parkte. Mit den Betreibern, einem sächsischen Ehepaar und ihren drei Buben, konnte man ganz ungeniert in beiden Dialekten, die ich gut beherrschte, nämlich bayerisch und sächsisch, parlieren.
Hungrig waren wir Nachkriegskinder immer, und wir brachten es irgendwie fertig, an unsere geliebten Süßigkeiten zu gelangen. Mit Besorgungen, Treppenputzen und anderen kleinen Dienstleistungen kamen wir zu unserem Taschengeld. Zweimal in der Woche spielte ich mit Fräulein Maiers Katze. Fräulein Maier wohnte im vierten Stock mit ihrer fast 90-jährigen Mutter und besagtem Kätzchen. Einkaufen, mit der Katze spielen, der Mutter die Schuhe anziehen und dann noch die Kohlen aus dem Keller holen, das waren meine Aufgaben. Zum Dank durfte ich einmal pro Woche in den „Grünen Hof" in der Bayerstraße zum Essen kommen. Dort nämlich war Fräulein Maier Bedienung und der Chef ihr Gspusi. Ich hatte die Auswahl zwischen Schnitzel, Schweinebraten und Leberkäse mit Kartoffelsalat. Lange überlegte ich hin und her, entschied mich aber immer wieder für das Schnitzel. Gelegentlich gab's noch einen Eisbecher, ich musste nur lange genug darauf warten.
Innmitten der Trümmerlandschaft entdeckte ich, als ich erstmals in Richtung Bennokirche lief und die Erzgießereistraße über-

quert hatte, linkerhand ein kleines burgähnliches Schlösschen in einem verwilderten Garten. Sogar Efeu und zartrosa Rosen rankten an der Steinmauer entlang, gleich einem Dornröschenschloss. Das Kleinod war so hübsch und romantisch, dass ich davon träumte, wie schön es wohl wäre, darin zu wohnen. Ich stürmte heim und erzählte meiner Mutter von meiner Entde-

Die Humpenburg, ein Überbleibsel der Königlichen Erzgießerei.

ckung. Als sie dann „mein Dornröschenschloss“ sah, war auch sie sehr angetan davon. Sie warnte und meinte, dass man das Kleinod sicher bald abreißen würde, um ein Wohnhaus hinzubauen.

Erst später erfuhr ich, dass dieses kleine, neugotische Gebäude mit steilem, zinnenbesetztem Giebel die Humpenburg war, die da auf dem Gelände der ehemaligen Erzgießerei stand. Hier trafen sich einst Freunde und Familie des Erzgießers Ferdinand von Miller zum geselligen Beisammensein und zum Umtrunk nach gelungenem Erzguss. Die Bombenangriffe des Krieges hatten alles hinweggefegt. Nichts erinnerte mehr an die Großtaten des Erzgießers. Geblieben war dieses Kleinod, in dem selbst Kaiser Wilhelm II. während seines Besuchs in München anlässlich der Grundsteinlegung des Deutschen Museums im November 1906 eine Maß Bier getrunken haben soll.

Haus für Haus in meiner Straße wurde wieder aufgebaut, die Lücken schlossen sich ziemlich rasch. Die verschnörkelten Fassaden an den Altbauten wurden geglättet, die Vorgärten mit den Fliederbüschen verschwanden, die Schrebergärten an der Bennokirche und auch mein geliebtes „Dornröschenschloss“, die Humpenburg, mussten Neubauten weichen. Ein Ausspruch meiner Mutter kam mir in den Sinn, an den ich heute mehr denn je denken muss: „Nichts im Leben ist so sicher wie die Veränderung!“

„Wannst umziagst nimmst an Spediteur und net die Münchner Trambahn her!"

Im Herbst 1956 kam es in München an einem Wochenende im November zu ausartenden Hamsterkäufen. Die Menschen drängten in die Innenstadt, um sich mit Vorräten aller Art einzudecken. Ursache dieses Ansturms auf Kaufhäuser und Geschäfte war die Ungarnkrise, und nicht nur die. Die Suezkrise, ein internationaler Konflikt zwischen Ägypten auf der einen Seite und Großbritannien, Frankreich und Israel auf der anderen, die im Oktober 1956 begann, verunsicherten die Menschen. Man fürchtete sich vor einem Krieg. Wieder einmal wurde uns vor Augen geführt, dass wir von jetzt auf gleich in einen Konflikt geraten könnten. Immerhin waren die Spannungen unseres geteilten Landes mit der Sowjetunion allgegenwärtig. Es waren die Zeiten des „Kalten Krieges".

Um sich mit den Dingen des täglichen Bedarfs einzudecken, frequentierte man die drei großen Kaufhäuser in der Innenstadt: Hertie, Oberpollinger und Kaufhof. Die preiswerten Geschäfte Kaufhalle, Kepa und Woolworth, letzteres von den Münchnern liebevoll „Wulli" genannt, boten so ziemlich alles an, was es in den Vorstädten nicht gab, und das zu erschwinglichen Preisen. So waren an diesem Wochenende auch die Trambahnen hoffnungslos überfüllt und dem Riesenansturm nicht gewachsen. Ellenbogen ausfahren und sich durchboxen war angesagt. Dann das Kommando des Schaffners, der sich lautstark durch die Menge zwängte: „Aufd Seiten geh'n, bitte durchgehen, wer noch ohne Fahrschein, wer noch ohne?" Der Schaffner kam nicht weiter. Verzweifelt hielten sich die Menschen an der oberen Stange fest, um nicht durcheinandergewirbelt zu werden.

Unentbehrlich! Die weiß-blaue Münchner Tram.

Zur Abfahrt zog der „Herr Schaffner“ die Klingelleine über sich und signalisierte dem Fahrer, dass es nun wieder weitergehen konnte. Dann ein Ruck und die brechend volle weiß-blaue Tram setzte sich in Bewegung und zockelte bis zum Stachus.
Ein anonymes Reisen in der Tram war es nicht. Man stand unter der strengen Beobachtung des Schaffners und der Mitfahren-

den, die einen ganz ungeniert taxierten, oder ganz einfach auf-forderten: „Mogst net aufd Seit'n geh'n!“ oder „Druck‘ net a so!“ „Ja, wie kommen sie denn daher“, fragte der Schaffner, „ja, wenn da a jeder sei G'raffe daher schleppen tat, wo kamat man denn dahin?“ Der Angesprochene, ein erschöpft wirkendes Manderl, war arg beladen. Voll gepackt war sein Rucksack. In der einen Hand hielt er an ein paar Fußbodenleisten fest, in der anderen eine Stellage, die ihm noch dazu über der Schulter hing. Aber wie sollte er denn sein Zeug nach Hause bringen? Es vielleicht mit dem guten alten Leiterwagerl durch die Stadt ziehen?“ Das war schon eher was für Grattler!

Die anderen Fahrgäste lachten über ihn, der Schaffner warf einen strafenden Blick auf die Störenfriede. Der eine sagte: „Ja, man wird doch noch lachen derfa, wo kamat man dahin, wenn man nimmer lacha derfert?“ Der Schaffner ermahnte den vollbepackten Fahrgast und wies auf ein am Fenster angebrachtes Schild hin, auf dem ein ähnliches überbeladenes Manderl dargestellt war. Darunter stand zu lesen: „Wannst umziagst nimmst an Spediteur und net die Münchner Trambahn her!“.

Ein mutiger Beamter rettete die Allerheiligen-Hofkirche

„Toni Beil, Nachfolger von Professor Otto Meitinger als Chef der Residenzbauleitung, habe der Allerheiligen-Hofkirche ganz besondere Hinwendung angedeihen lassen. Vor manch anderen habe er die Qualität des Klenzebaus erkannt. Als der Abbruch drohte, habe Toni Beil den Abbruchauftrag in seinem Schreibtisch liegen lassen und so den größten Kirchenbau Klenzes vor seinem unverdienten Untergang bewahrt.“ Diese lobenden Worte fand der Bayerische Finanzminister Dr. Kurt Faltlhauser. Kurzum: Der Regierungsbaudirektor Toni Beil hatte einfach mit seiner Verzögerungstaktik die Allerheiligen-Hofkirche vor dem Abbruch gerettet und deren Wiederaufbau eingeleitet.

Es war einige Jahr zuvor, als an Toni Beils Stammtisch in der „Resi“, der Residenz-Weinstube, seine Freunde eines Abends länger als sonst auf den Architekten aus der Münchner Residenz warteten. Er kam frohen Mutes daher und machte allen klar, dass er soeben in der St. Bonifaz Basilika in der Karlstraße verweilt und mit König Ludwig I. dort vor dessen Sarkophag Zwiesprache gehalten habe. Die Freunde wussten sofort, was den Toni plagte. Er wollte den Abbruchauftrag für die Allerheiligen-Hofkirche einfach nicht ausführen. Der Auftrag selbst lag immer noch auf seinem Schreibtisch – besser gesagt in seinem Schreibtisch, denn dort hatte er das brenzlige Schreiben des Bayerischen Finanzministeriums deponiert. Auf keinen Fall war er bereit, die vom Krieg arg heimgesuchte Kirchenruine abzureißen. Und der König hatte ihn in seiner Zwiesprache darin bestärkt.

Ludwig I. ließ die Allerheiligen-Hofkirche im Ostteil der Münchner Residenz nach Plänen seines Architekten Leo von Klenze zwischen 1826 und 1837 erbauen. Vorbild war die normannisch-byzantinische Papstkapelle aus dem 12. Jahrhundert, die Ludwig als junger Kronprinz 1823 in Palermo besichtigt hatte. Er war begeistert von dem Bau der Basilika mit ihren Rundbögen, Dachgiebeln und der Rosette über dem Eingang, die dem neoromanischen Stil zuzuordnen ist. Prachtvoll war die Kirche mit bunter Malerei auf Goldgrund ausgestattet, die Fußböden mit farbigem Marmor geziert, ihr Inneres von Kuppeln nach byzantinischer Art überwölbt.

Ein Jahr vor dem Ende des Zweiten Weltkrieges kam die schreckliche Nacht der Zerstörung. Bei einem Luftangriff der Royal Air Force vom 24. auf den 25. April 1944 versank in einem unvorstellbaren Feuerinferno die Münchner Residenz, eines der bedeutendsten Bau- und Kulturdenkmäler des Landes in Schutt und Asche und mit ihr weite Teilen der Münchner Innenstadt.

Überreichung der König-Ludwig-I.-Medaille an Toni Beil durch Finanzminister Dr. Kurt Faltlhauser.

Die wieder aufgebaute Allerheiligen-Hofkirche.

Die Kirche schwer beschädigt, dümpelte jahrzehntelang als Ruine am Rande der Münchner Residenz vor sich hin, ohne Dach, die Wände notdürftig gestützt. Sträucher und Gestrüpp wuchsen aus den Mauernischen – ein beklemmender Anblick. Und so manche Bürger fragten sich wohl, warum um Himmels Willen diese Kirche beim Wiederaufbau vergessen wurde. Letztendlich verhinderten weitere Proteste aus der Bevölkerung den Abriss der Kirche. 1972 erhielt der Architekt des Wiederaufbaus Hans Döllgast den Auftrag für die Konservierung. Nach aufwändigen und preisgekrönten Restaurierungsmaßnahmen war der Wiederaufbau vollendet. Seit dem Jahre 2003 wird Leo von Klenzes größter Kirchenbau als Veranstaltungssaal für Konzerte, Vorträge und Lesungen genutzt. Die Jazz- und Klassik-Konzerte in der ehemaligen Königlichen Hofkirche gehören zu den beeindruckenden musikalischen Erlebnissen Münchens.

Heute ist die Allerheiligen-Hofkirche eine Zierde der Stadt. Toni Beil, der Retter der Hofkirche, wurde am 18. September 2003 für seine herausragenden Verdienste um den Wiederaufbau der Münchner Residenz gewürdigt und erhielt als Auszeichnung die König-Ludwig-I.-Medaille.

Liesl Karlstadt wünscht sich ein Denkmal

Der Textilkaufmann Gustl Feldmeier war ein honoriger Münchner Bürger, den ein jedermann kannte und schätzte. Im Jahre 1938 hatte der 1900 in München geborene Gustl das Kaufhaus am Marienplatz Nr. 11 erworben und firmierte es unter dem Namen des Gründers „Ludwig Beck am Rathauseck“. Dass sein Kaufhaus noch im Frühjahr 1945 durch Luftangriffe völlig zerstört wurde, war für Gustl Feldmeier ein herber Schlag. Wie viele betroffene Münchner griff auch er nach dem Krieg tatkräftig zu, um den Wiederaufbau nicht nur seines Kaufhauses zu bewerkstelligen. Gustl Feldmeier setzte sich auch persönlich besonders für den Wiederaufbau Münchner Kulturdenkmäler ein, wie den „Alten Peter“, das Cuvilliés- und das Nationaltheater. Dies tat er mit eigenen Spenden und durch Aufrufe an die Bevölkerung. 1951 feierte er den Wiederaufbau seines Kaufhauses, so wie es sich in München gehörte, mit Freibier und Brotzeit für die Gäste. Die Schäffler tanzten und die Münchner Bürger konnten ihre beliebte Schauspielerin und Komödiantin Liesl Karlstadt in ihre Mitte nehmen.

Liesl Karlstadt erfreute sich in den Nachkriegsjahren großer Beliebtheit und Popularität. Sie filmte, trat in Boulevardtheatern auf, erhielt Engagements an den Münchner Kammerspielen und am Residenztheater und verewigte sich in 200 Folgen der erfolgreichen Hörfunkserie des Bayerischen Rundfunks „Familie Brandl“. Unter Karl Valentins Regie hatten beide, der urkomisch-tragische Karl Valentin und die herzliche Liesl Karlstadt, schon in den 20er-Jahren in den Münchner Kabaretts, und auf Kleinkunst- und Volkssängerbühnen, triumphale Erfolge gefeiert. Sie kreierten gemeinsam Szenen, Sketche, Monologe, Couplets

Während eines Urlaubs in Garmisch starb 1960 unerwartet die liebgewordene Komödiantin Liesl Karlstadt im Alter von 68 Jahren. Am 28 Juli 1961 wurde ihr Brunnen im Beisein von Gustl Feldmeier (Bild links), Liesls Schwester Amelie Wellano (Bildmitte) und Oberbürgermeister Dr. Hans-Jochen Vogel (Bild rechts) eingeweiht.

und Stücke und wurden ein Jahrhundertpaar. Ein Paar, wie man es nicht besser hätte erfinden können, das auf so tragische Weise zusammengeschmiedet war und dass sich nicht trennen konnte. Erst Karl Valentins Tod im Jahre 1948 trennte das Humoristenduo.

Münchner Bürger und städtische Behörden hatten zusammen geholfen, um dem unvergessenen Volkssänger Karl Valentin ein Denkmal zu setzen. Einen Brunnen mit einer lebensnahen Plastik. Dass das Material für das von Ernst Andreas Rauch gestaltete Brunnendenkmal aus dem im Krieg durch Bombenangriffe zerstörten bayerischen Löwen, der auf dem Siegestor gestanden hatte, stammte, hätte dem Komiker wohl sehr gefallen. Entdeckt wurde das zerschlagene Wappentier vom damals so beliebten Münchner Oberbürgermeister Thomas Wimmer auf einem städtischen Lagerplatz. Nun war die Bronze des bayerischen Löwen zu Ehren des Volkssängers zu neuem Leben erweckt worden.

Auch Liesl Karlstadt war sehr angetan und wünschte sich seither, ebenso einmal mit einem Denkmal auf dem Viktualienmarkt verewigt zu werden. Und so kam es, dass der einflussreiche Gustl Feldmeier ihr irgendwann einmal eines versprach. Versprochen war versprochen. Als die Liesl Karlstadt ihn wieder einmal daran erinnerte, ja, ihn damit nervte, meinte er: „Richtig, aber zuerst stirbst!“

Let's go to the Amerika-Haus!

Nach der Gründung der Bundesrepublik Deutschland richteten die amerikanischen Besatzer im ehemaligen „Führerbau“ in der Arcisstraße das Amerika-Haus als Begegnungsstätte für Deutsche und Amerikaner ein. Ziel dieser Einrichtung war es, den Deutschen, die die Nazi-Diktatur durchgestanden hatten, nun die Demokratie als Staatsform nahezubringen.

„In München sind es die Kinder, die allen Grund haben, die Amerikaner zu lieben“, schrieb die Zeitung „Die Zeit“ im Januar 1951 und weiter: „Sie haben im Amerika-Haus eine Bibliothek, Filmvorstellungen, Märchenstunden und Sing-, Mal- und Spielkreise für die Kinder eingerichtet, die niemand mehr missen möchte. Wenn man als Besucher des Amerika-Hauses zuerst im ersten Stock die Bibliothek für Erwachsene aufgesucht hat und hinterher zu den Kindern ging, da wurde man gewahr, dass wirklich ‚geistige Atmosphäre‘ in der Kinderbibliothek herrscht, während die Erwachsenen ‚ihre‘ Bücherei teilweise längst zu dem gemacht haben, was heute anscheinend als Schicksal von Bibliotheken ist, nämlich Aufenthaltsraum oder Wärmehalle zu werden. Die Kinder aber sind mit Eifer bei den Büchern, es herrscht eine Ruhe, die selbst einen strengen Lehrer zufriedenstellen würde. An einem Tisch sitzen kleine Mädchen über amerikanische Bilderbücher gebeugt. Es gibt nur amerikanische Bilderbücher in der Bibliothek – ‚könnt ihr denn Englisch lesen?‘ Sie schütteln die Köpfe. Die Bilder amerikanischer Kinderbücher sind von solcher Buntheit und von großer Gegenständlichkeit in der Darstellung, dass die Kinder die ihnen unverständlichen Texte auch entbehren können. Hier zeigt sich der Unterschied zu den deutschen Bilderbüchern, die häufig mehr oder weniger „Struwwelpeter-Bilderbücher“

bleiben; will sagen, Bücher mit langen Texten, die durch Bilder ergänzt werden.

Die Aufsicht führt eine Kindergärtnerin, ein junges Mädchen, das auch die Sing- und Märchenstunden leitet. Schließlich hat sie noch die Anweisung, nur auf ausdrücklichen Wunsch der Kinder ihnen bei der Auswahl der Lektüre behilflich zu sein. Und der Erfolg dieser Erziehungsmethode, der lediglich darin besteht, die Kinder wie selbstständige Menschen zu behandeln, an ihre Einsicht zu appellieren und nicht an ihren Gehorsam, straft das deutsche Vorurteil Lügen, dass diese Methode vielleicht für Amerika richtig sei, nicht aber bei uns in Deutschland. Es hat – so erzählt die Kindergärtnerin, während ihrer Tätigkeit in der Bibliothek kaum einen Streit gegeben. Und es sei noch nie ein Buch weggekommen, obwohl allein in der Woche zwischen Weihnachten und Neujahr 1128 Kinder die Bibliothek benutzt hätten. Außerdem besteht ihre Aufgabe darin, an die Kinder Kinokarten zu verteilen, für die Filmvorstellungen, die zweimal wöchentlich für sie stattfinden. Es wird dann ein Trickfilm oder

Paradies der Kinder im Amerika-Haus.

Kulturfilm mit einer eigens für die Kinder zurechtgeschnittenen Wochenschau vorgeführt."
Es waren vor allem die Kinder aus der Maxvorstadt, die ins nahe Amerika-Haus pilgerten, um immer wieder die „aufregenden" Filme aus Amerika zu sehen. Über „Dick und Doof" (Laurel und Hardy) konnte man sich ausschütten vor Lachen, Freundschaft wurde mit „Micky Maus" und „Donald Duck" geschlossen. Die Kinder liebten „Schneewittchen" und „Bambi" und überhaupt Zeichentrickfilme, die in Deutschland noch Mangelware waren. Dann gab's noch „Candies" und Kakao – auf geht's: „Let's go to the Amerika-Haus!"

Christbaum und Paradeiserl

Auch vor über einem halben Jahrhundert wurde rechtzeitig zum ersten Advent vor dem Rathaus auf dem Marienplatz der große Christbaum aufgestellt. Prompt waren die ersten Kommentare zu hören. „Mei is der schee“! oder „Der is aber arg dünn und a bisserl scheps is er scho a, da pfeift ja der Wind durch!“ Letztendlich kam dann noch die Bemerkung wegen des „Geschenkes“, das meistens von einer Gemeinde in der Alpenregion oder dem Bayerischen Wald stammte. „Ja mei, an g'schenkten Gaul schaut man net ins Maul!“ Zudem begutachtete die Boulevardpresse den Christbaum von allen Seiten und gab Tipps, wie man eine zerrupfte Fichte ein bisserl aufmöbeln könnte. Wir erfreuten uns am Anblick des großen Baumes, betrachteten ihn von seiner schöneren Seite und nahmen am Dreikönigstag mit wehmütigen Blicken Abschied.

Bei den Christbaumhändlern am Stachus wurde noch am Nachmittag des Heiligen Abend um die letzten mageren Fichten gefeilscht. Für eine oder zwei D-Mark konnte man ein Bäumchen erwerben, auf dem Schlitten heimziehen oder sich in der eng besetzten Trambahn mit seiner zusammengezurrten Errungenschaft auf die Kommentare der Mitfahrenden gefasst machen.

Noch in vielen Münchner Haushalten, gerade bei den Älteren, stand anstelle des Adventkranzes oder des Christbaums noch das bescheiden anmutende „Paradeiserl“ auf dem Tisch. Das mit Holzstäbchen, vier Äpfeln und vier Kerzen, Tannen- oder Buchsbaumzweigen bestückte und zu einer Pyramide gesteckte Gebilde geht zurück auf eine altbayerische Tradition aus dem Mittelalter. Mit dem „Paradeiserl“, dem Vorläufer des Adventskranzes, holte man sich in der Advents- und Weihnachtszeit das

Der große Christbaum vor dem Münchner Rathaus.

Paradies ins Haus. Die Pyramide symbolisiert den „Baum der Erkenntnis“, der Apfel das „göttliche Auge“.
Aufwendig mit Buchsbaum und Zierrat umwundene Pyramiden konnte man am Viktualienmarkt erwerben. Noch in den 1970er-Jahren verkaufte dort ein türkischer Blumenbinder die Pyramidengestecke, und er wusste um die Bedeutung der nach Apfel und frischem Grün duftenden Adventspyramide.

Der festlichen Weihnachtsmusik, dem Glockengeläut und dem Vortrag der Weihnachtslegende von Ludwig Thoma lauschten wir vor dem Rundfunkgerät. Ein Hochgefühl überkam uns, wenn wie so oft in den 1950er-Jahren der beliebte Schauspieler Willy Rösner die „Heilige Nacht“ vortrug.
Ludwig Thoma, der Schriftsteller, der Anfang des Jahrhunderts „Auf der Tuften“ am Tegernsee lebte, erzählt die Geschichte von Maria und Josef auf seine ganz eigene bayerische Art. Dann begann Willy Rösner mit seiner sonoren Stimme seinen Vortrag und auch ihm, dem Schauspieler, – so berichteten Zeitzeugen – ging die Geschichte zu Herzen, wenn er dann zu lesen begann:

„Im Wald is so staad,
alle Weg san vawaht,
alle Weg san vaschniebn,
ist koa Steigl net bliebn.“

Der Stemmerhof in Sendling

Diese ländliche Idylle mitten in München wurde vor über 50 Jahren fotografiert. Es ist der jahrhundertealte Stemmerhof auf dem Sendlinger Berg und der letzte Bauernhof im Bereich der Innenstadt. Noch standen in den Stallungen über 40 Kühe, vorwiegend „schwarzbunte Niederungsrinder“, die auf der Stemmerwiese hinter dem Hofgebäude weideten. Erst 1992 wurde die Milchviehhaltung aufgegeben.

Auf diesem Sendlinger Terrain, heute Sendlings schönster Dorfplatz mit Restaurant und Läden, entbrannte Weihnachten 1705 der Bauernaufstand. In der dem Stemmerhof gegenüberliegenden Pfarrkirche St. Margareten erinnert ein Fresko von Wil-

Der Stemmerhof von Sendling in den 1960er-Jahren.

helm Lindenschmit an jene blutige „Sendlinger Mordweihnacht“, als mutige bayerische Aufständische gegen die Unterdrückung der Habsburger Kaiserlichen rebellierten und ihr Leben lassen mussten. „Lieber bayerisch sterben, als kaiserlich verderben“ – so der verzweifelte Ruf der aufständischen Bauern.

Es war Ende des 19. Jahrhunderts als Sendling nach München eingemeindet wurde und die Familie Stemmer durch den Verkauf landwirtschaftlicher Flächen als Bauland zu Wohlstand gekommen waren. Sie stifteten den Baugrund für die Neue Pfarrkirche St. Margaret und stellten mit anderen Sendlinger Bauern Geldbeträge für den Kirchenbauverein zur Verfügung. Und so kam es, dass Sendling nun zwei St. Margaretenkirchen hat, die „Alte“ gegenüber dem Stemmerhof, die während des Bauernaufstandes 1705 stark beschädigte und wieder aufgebaute, und die „Neue“ mit einem beachtlichen Tonnengewölbe, die zu den größten Kirchen Münchens zählt. Der Kirchenbau wurde 1913 fertiggestellt, die veranschlagten Baukosten um achtzig Prozent überzogen. So war’s auch damals schon!

Der Eremit und „seine" Königin

Zu gerne liefen wir Kinder aus der Maxvorstadt von unserem Sportplatz am Maßmannbergerl die Infanteriestraße hinunter bis hin zu den Schuttbergen auf dem Oberwiesenfeld. Immer wieder waren wir fasziniert von dem Schauspiel, wie über Jahre hinweg der Trümmerschutt zu haushohen Bergen aufgeschüttet wurde, wie die Lastwagenkipper mit einem ohrenbetäubenden kurzen Kracherer den Schutt herunterließen und heftige Staubwolken aufwirbelten. Wer weiß heute noch, dass vor der Zeit der Zerstörung Münchens hier ein ausgedehntes Flugfeld und ab 1909 ein Flugplatz lag, auf dem sogar das Luftschiff „Zeppelin" einst gelandet war.

Und dann kam im Jahre 1952 wie aus heiterem Himmel Timofej Wassiljewitsch Prochnow, der russische Pope, später von den Münchnern liebevoll Väterchen Timofej genannt. Einst war er

Väterchen Timofej vor seiner „Eremitage".

Mönch in einem einsam gelegenen russischen Kloster am Don gewesen. Einige Jahre nach Kriegsende hatte Timofej eines Nachts einen ungewöhnlichen Traum. „Jesus und Maria gaben mir den Auftrag, nach Westen zu gehen und eine Kapelle zu bauen, dort, wo viele Hügel und Steine sind!“, erzählte Timofej. Auf der Suche nach einem solchen Ort kam er über Wien nach München und fand ein Fleckchen Erde auf dem Oberwiesenfeld. Timofej und seine Frau Natascha steckten an dieser Stelle ein 2800 Quadratmeter großes Stück Land ab und bauten sich ein kleines Haus und eine hölzerne Kirche. „Alles dies mit der Hilfe großherziger Menschen“, wie der Eremit immer wieder betonte. Mit uns Kindern sang der russische Mönch herzzerreißende Marienlieder, verwöhnte uns mit Süßigkeiten und wollte im Gegenzug „kleines Baumaterial“ in Form von Stanniolpapier, Nägeln, Schraubenzieher und brauchbaren Brettern.

Die Behörden nahmen jahrelang keinen Anstoß an diesen ohne Genehmigung erstellten Bauten. Erst als die Vorbereitungen für die Olympischen Sommerspiele 1972 begannen, sollte Väterchen Timofej sein Haus und seine Kapelle abreißen. Auf „seinem Grund“ war eine Anlage für das Einzeljagdspringen geplant. Der Einsiedler sträubte sich mit Händen und Füßen, für die örtliche Presse ein „gefundenes Fressen“. Die Gazetten unterstützten den „Dickkopf“ und machten ihn zum Lokalhelden. Nach Protesten der Münchner Bürger und einiger Tageszeitungen verrückte man kurz entschlossen das geplante Olympiagelände weiter nach Norden.

Und so kam es, dass eines Tages die bildhübsche Silvia Sommerlath bei ihm vorbeischaute. Sie war Hostess bei den XX. Olympischen Spielen und lernte 1972 in München ihren späteren Ehemann, König Gustav XV. von Schweden, kennen und heiratete ihn im Jahre 1976.

Die 29-jährige sympathische Betreuerin der Olympischen Spitzensportler besuchte mehrmals das Einsiedlerpaar, überbrachte ihnen sogar Ehrenkarten für die Eröffnungsfeier der Spiele und begleitete die beiden auch in das Olympische Dorf zu den russischen Athleten. Der fast 100 Jahre alte Pope erinnerte sich noch 1995 an ihre Besuche bei ihm: „Sie gab Trost und beruhigende Worte, die ich nie vergessen werde. Ich bete immer für ‚meine Königin', heute, morgen, jeden Tag und das nun schon seit über 20 Jahren." Und dann strahlte er und fügte noch hinzu: „Königin Silvia ist ein gutes Menschenkind und die schönste Königin der Welt."
Seine „Eremitage", die einst ein behördliches Ärgernis war, ist heute noch eine beliebte Touristenattraktion am Rande der „Weltstadt mit Herz".

Liebe Sportsfreunde

Als sechs Wochen nach Ende des Zweiten Weltkrieges am 29. Juli 1945 das erste Lokalderby der Nachkriegszeit stattfand, und die beiden führenden Münchner Fußballmannschaften, der FC Bayern und der TSV 1860 aufeinander trafen, war auch der beliebte Sportreporter Josef Kirmaier vor Ort. Das Spiel endete 2:2 unentschieden. Jedenfalls war da der gebürtige Münchner Josef Kirmaier schon drei Jahre älter als der FC Bayern, der im Jahre 1900 in Giesing gegründet worden war. Die „Löwen" auch echte Giesinger, „Münchens große Liebe", gab es seit 1860.
Schon in den 1920er-Jahren begann Josef Kirmaier seine journalistische Tätigkeit für den Sport. 1924, dem Gründungsjahr des Bayerischen Rundfunks, damals die „Deutsche Stunde in Bayern", war er mit dabei und erkannte bereits das große Potenzial der Sportreportage über den Funk. Zunächst als „Mann für alles", begann der leidenschaftliche Reporter nach dem Zweiten Weltkrieg wieder beim BR und leitete den Sportfunk bis zum Jahre 1967. So gingen jeden Samstagnachmittag ab 14.00 Uhr Kirmaiers Berichterstattungen über den Äther. Da wollte man zu Hause sein, um die ersten Spielergebnisse und die leidenschaftlichen Kommentare des Sportchefs zu hören.
„Liebe Sportsfreunde" – unvergessen die vertraute Stimme. Nicht nur einmal brachte uns der gute Mann zum Lachen. Des Englischen nicht mächtig, hatte Kirmaiers Sekretärin ihm alle englischen Wörter phonetisch aufgeschrieben. Eines Tages jedoch war die Sportmeldung ihm von einer anderen Mitarbeiterin vorgelegt worden. Die hatte von seinen Ausspracheschwierigkeiten keine Ahnung. Dann, wie immer gegen Ende der Sendung, verlas er die Fußballergebnisse: „Und nun, meine sehr geehrten Damen und Herren", Pause, „do hams ja Manchester

Josef Kirmaier, der legendäre Sportreporter des BR.

United g'schrieben, wo des doch „Mäntschester Juneited hoast!" Berichtete er von Länderspielen aus Italien, geschah dies über Telefon. Eine Leitung, damals noch vermittelt von Hand vom Fräulein vom Amt, klappte selten beim ersten Anruf. Da hörte man den Kirmaier Josef entnervt rufen: „Hallo, hallo, pronto, Fräulein, Signora, ja Himmel Herrschaftszeiten nochmal, hallo!"

Wieder einmal brachte der Kirmaier seine Hörer zum Lachen, als er nämlich über den alpinen Skisport und die angereisten Zuschauer des Sportereignisses folgendermaßen berichtete: „Sie standen auf den Hängen und Pisten!“ – heute längst ein Klassiker.
Keine der ersten Life-Übertragungen ließen wir aus. Hätten wir Schüler nur in unseren Schulfächern so viel gewusst, wie wir über das Fußballgeschehen informiert waren, dann wären wir sicherlich Einserschüler geworden. Aber wir waren halt alle miteinander „fußballnarrisch!“.

Franz Beckenbauer am Klavier

Man schrieb das Jahr 1966. Ein Jahr wie jedes andere? Mitnichten, denn es war mal wieder ein Jahr, das die Herzen der Fußballfans höherschlagen ließ. Die Fußballweltmeisterschaft stand an und zwar vom 11. bis zum 30. Juni in England, dem Mutterland des Fußballs. Immerhin hatte der Münchner Club FC Bayern zwei exzellente Spieler zu bieten, beide jung, 21 und 22 Jahre alt: Franz Beckenbauer und Sepp Maier.

Im Halbfinale besiegte die deutsche Mannschaft die Sowjetunion 2:1. Das erste deutsche Tor schoss der Augsburger Helmut Haller, Franz Beckenbauer, der Münchner, das zweite. Unvergessen für alle Fernsehzuschauer war der Anblick des erst 21-jährigen Franz, der strahlend und lachend mit ausgebreiteten Armen nach gelungenem Tor über den Rasen rannte. Und so kam es, dass mein Mann Georg Fruhstorfer, Fotograf und Journalist, großes Interesse an dem jungen Fußballer zeigte, ja ihn baldmöglichst fotografieren und interviewen wollte.

Georg berichtete ab den 1950er-Jahren über das künstlerische und gesellschaftliche Leben in der bayerischen Landeshauptstadt in Wort und Bild für Zeitungen und Illustrierte. Sogenannte Homestories, eine typische Gattung der Bildberichterstattung der 1960er- bis 1980er-Jahre, waren bei den Lesern der einschlägigen Magazine sehr beliebt.

Er meinte, wir sollten doch mal eine Reportage über diesen äußerst sympathischen jungen Fußballer Franz Beckenbauer machen, der, wie er feststellte, ein Jahrhundertfußballer werden würde. Und so beauftragte mich mein Mann eines Tages, einen Termin für eine Reportage mit dem FC-Bayern-Spieler Franz Beckenbauer zustande zu bringen, in dem ich ganz einfach in die Sportschule Neugrünwald fahre, dorthin, wo die Fußballer seinerzeit trainierten. Für mich nichts einfacher als dies. Den Führerschein hatte ich noch nicht, so fuhr ich mit der Trambahn hinaus nach Neugrünwald, eine Haltestelle vor der Endhaltestelle Grünwald, und sprach beim Empfang vor.

„Einen Termin mit Herrn Beckenbauer möchten sie“, fragte eine sehr hübsche junge Dame ganz erstaunt, „ja, das geht nicht so einfach. Herr Beckenbauers Terminkalender ist randvoll.“ „So“, meinte ich, „dann nehme ich mit Herrn Schwan vorlieb. Ist er da?“ Ich hatte Glück, der Manager Robert Schwan war da und ich trug ihm mein Anliegen kurzerhand vor. „Ja so einfach ist das nicht, der Terminkalender von Herrn Beckenbauer ist randvoll!“ Hier schien wohl alles randvoll zu sein, auch das Fußballfeld draußen. Es war randvoll mit Jungs. Nun ja, irgendwann würde Herr Beckenbauer doch wohl mal Zeit haben!

Ich überlegte und schlug vor: „Ach, Herr Schwan, darf ich sie auf einen Drink einladen?“ Der Fußballmanager sah mich ganz irritiert an. „Kommen Sie, da draußen sehe ich Sonnenschirme, da ist doch ein Café!“ Zögerlich, sehr zögerlich folgte mir der drahtige, sportliche Manager. Er bestellte sich eine Cola und ich auch. Immer wieder preschte ich nach vorne, um endlich meinen Termin zu bekommen. Hatte ich doch meinem Mann erklärt, dass nichts einfacher wäre als das. Herr Schwan schien mir ganz plötzlich wohlgesonnen, wahrscheinlich imponierte ihm meine Ausdauer. Dann gab er seinem Herz einen Stoß. Er zückte seinen Kalender und meinte: „Ja, dann kommen Sie halt am 4. August (man schrieb das Jahre 1967) um 14.00 Uhr nach Solln zur Familie Beckenbauer. Sind Sie nun zufrieden?“

Ich freute mich riesig, fragte aber dann sofort, dass ich noch gerne zwei Termine hätte, nämlich mit Gerd Müller, ja, und dann noch mit Sepp Maier. „Jetzt sind Sie mal froh, dass sie den Be-

Franz Beckenbauer am Klavier.

ckenbauer bekommen haben, des reicht doch erst mal.“ Herr Schwan schien wohl verärgert zu sein. Gottseidank kam dann ein Bote und holte ihn zum Telefon. Handys gab es noch lange nicht! „Also dann!“, rief Herr Schwan noch, „am 4. August und seien sie pünktlich!“

Am 4. August 1967, bei dem Foto- und Interviewtermin mit den Beckenbauers, pünktlich um 14.00 Uhr, entstanden wunderbare Fotoaufnahmen, eine davon zeigt den jungen Franz Beckenbauer am Klavier.

Die Münchner Filmfabrik - Das bayerische Hollywood

Mit einem Schlag war München eine bekannte Filmstadt geworden. Denn die Bavaria Film Gesellschaft, am Rande der Stadt in Geiselgasteig angesiedelt, genoss in den Wirtschaftswunderjahren den hervorragenden Ruf, zu den größten und erfolgreichsten Filmstudios in ganz Europa zu gehören. Seit den 1920er-Jahren wurden in Geiselgasteig Kinoklassiker und ab Mitte der 1950er-Jahre Fernseh-Highlights produziert. Ohne kriegsbedingte Zerstörungen überstand das „Bayerische Hollywood" den Zweiten Weltkrieg und wurde bereits kurz nach Kriegsende, am 10. Mai 1945, der amerikanischen Besatzungsarmee unterstellt. Die „Bavaria" wurde auch zur neuen künstlerischen Heimat der alten UFA-Garde und zum Sprungbrett für den jungen Nachwuchs.

Unter den Nachwuchsdarstellerinnen drehte im Jahre 1954 eine blutjunge, erst 16-jährige Wienerin in der Münchner Filmfabrik den zweiten ihrer insgesamt 57 Kinofilme. Es war Romy Schneider, die zusammen mit Lili Palmer in der musikalischen Zirkuskomödie „Feuerwerk" unter der Regie von Kurt Hofmann spielte – ein riesiger Filmerfolg, farbenprächtig und temperamentvoll. Dem Regisseur war es auch gelungen, neben der jungen Elite der Künstler, die da waren Romy Schneider, Klaus Biederstaedt und Hans Clarin, auch bekannte Münchner Volksschauspieler mit ins Boot zu nehmen. Es waren die beiden Freunde Michl Lang und sein urkomischer Kollege Rudolf Vogel und Münchens Liebling, die Liesl Karlstadt. „Alte Hasen", die dem „Backfisch" Romy zur Seite standen.

Nun ging es mit Romys Karriere steil nach oben. 1955 filmte sie wieder in München und spielte dieses Mal die Hauptrolle in dem Schwarz-Weiß-Streifen „Der letzte Mann“ unter der Regie von Harald Braun. Ihre Filmpartner sind Hans Albers, Joachim Fuchsberger, Peter Lühr und Michael Heltau. Fast schien es, als hätte Romy in München ihre künstlerische Heimat gefunden, denn in „Scampolo“ einer zauberhaften Komödie stand sie abermals in München und auf Ischia vor der Kamera. Ihr Filmpartner, der Schwarm vieler Frauen, war der 1,93 Meter große Schweizer Paul Hubschmid.
Dann kam das Jahr 1957, das zum Schicksalsjahr von Romy Schneider wurde. Wieder stand sie in den Studios vor der Stadt vor der Kamera, jetzt in der Filmkomödie „Kitty und die große Welt“. Ihr neuer Kollege hieß Karl-Heinz Böhm. Er war es, der in den nächsten Jahren ihr Filmpartner bleiben würde. Als Kaiser Franz Josef von Österreich und Romy als Kaiserin Elisabeth, „Sissi“, wurden beide zum Traumpaar des Kinos der deutschen Nachkriegszeit und Romy Schneider weltberühmt.
Doch nicht nur deutsche Filmproduktionen füllten damals die Kassen der „Bavaria“, auch ausländische Produktionen zog der Standort Geiselgasteig an. 1954 inszenierte Roberto Rossellini mit Ingrid Bergmann den Film „Angst“. Gedreht wurde nicht nur in den Bavaria Studios, auch auf Straßen und Plätzen Münchens, die teils noch das alte München, aber auch die Verwüstungen und Kriegsschäden zeigten. In diesem internationalen Spielfilm wirkten auch deutsche Darsteller mit, wie die bayerische Volksschauspielerin Elise Aulinger, der 28-jährige Klaus Kinski und Matthias Wiemann.
1955 entstand die deutsch-französische Gemeinschaftsproduktion „Lola Montez“ von Max Ophüls mit Martine Carol und

Orson Wells, das amerikanische Filmgenie, drehte Anfang der 1950er-Jahre in München am „Platzl".

Peter Ustinov. Ab Mitte der 1950er-Jahre entdeckten die amerikanischen Filmemacher Münchens Potential. Der Darsteller, Regisseur und Autor Orson Wells wählte die Filmstadt an der Isar und auch Richard Fleischer drehte hier 1958 den amerikanischen Monumentalfilm „Die Wikinger" mit Kirk Douglas, Tony Curtis und Janet Leigh.

Romy Schneider in München

Es war vor nunmehr über 60 Jahren, genauer gesagt am 5. Februar 1958, dass ich Romy Schneider in München gesehen habe. Nie werde ich das Datum vergessen, denn genau einen Tag später, am 6. Februar 1958, passierte auf dem Flughafen München-Riem ein fürchterliches Flugzeugunglück. Dabei starb die halbe Fußballmannschaft von Manchester United. 23 von 43 Passagieren fanden den Tod, darunter acht Spieler. Es dauerte viele Jahre, bis Fußball-England sich vom Verlust der talentierten Spieler erholt hatte. Nach zwei abgebrochenen Startversuchen auf der mit Schneematsch bedeckten Startbahn, endete der dritte Anlauf in der Katastrophe. Mit Vollgas und eingezogenem Fahrwerk versuchte der Kapitän die Maschine in die Luft zu bekommen. Doch die hatte bereits den Begrenzungszaun erreicht, durchschlug ihn und traf mit der Tragfläche ein Haus, das Feuer fing. Das Heck der Maschine traf einen Baum und brach ab. Der Rest der Maschine rutschte noch ein paar Meter über den Schnee ehe sie zum Stillstand kam. Überlebende begannen damit, die brennende Tragfläche zu löschen – eine Tragödie, die vielen Älteren noch heute in Erinnerung ist.

Romy war zu dieser Zeit auf dem Höhepunkt ihres „Sissi“-Ruhms, keine deutsche Schauspielerin war populärer. Wo immer sie auftrat, war eine jubelnde Menschenmenge um sie herum. Das Nachkriegspublikum hatte Romy zu seinem Star auserkoren. Seit den Filmen „Mädchenjahre einer Königin“ (1956), in dem sie Englands junge Königin Viktoria darstellte und der „Sissi“-Trilogie, gab es keine Filmschauspielerin, die mehr Menschen auf die Beine brachte als Romy. Sie war ein gefeierter Popstar, als dieses Wort noch lange nicht in Mode war. Romy Schneider war die „Königin der Herzen“.

Im Februar 1958 landete Romy Schneider auf dem Münchner Flughafen.

In meiner Schulklasse hatte es sich herumgesprochen, dass einige Mitschülerinnen es darauf anlegten, unbedingt einmal die Romy zu sehen. Sie hatten ausfindig gemacht, dass die Schauspielerin am nächsten Tag, aus Amerika kommend, in München-Riem landen würde. Heute wie damals liefen junge Menschen ihrem Idol hinterher, um Glanz und Glamour des Starruhmes zu spüren. Wir waren acht 16-jährige Fans, die sich aufmachten, einen Blick auf ihren Filmstar zu ergattern.
Eine Fahrt zum Münchner Flughafen war damals noch eine zeitauf-

wendige Reise. Mit Straßenbahn und Bus fuhren wir hinaus nach Riem. Schaulustige gab es viele, Urlaubsflüge und Massentourismus noch lange nicht. In der Ankunfts- und Abflughalle sahen wir fast ausschließlich elegant gekleidete Menschen, Damen in feinen Schneiderkostümen mit Pelzmänteln und Pumps, Herren mit Hüten, akkurat ausstaffiert. Niemand kleidete sich seinerzeit sportlich oder leger. Es war der „Duft der großen, weiten Welt", der uns – wie die Zigarettenwerbung es damals suggerierte – umwehte. Dann die Stewardessen, jene makellosen großen „Fräuleinwunder" in ihren blauen Kostümen, kleinen Käppchen und den Stöckelschuhen, die sich selbstsicher und lächelnd bewundern ließen – sie verkörperten den Stoff, aus dem die Mädchenträume waren.

Bis auf das Flugfeld durften wir gehen und sehen, wie die Maschine, in der Romy mit ihrer Mutter saß, landete. Lächelnd kam sie die Gangway herunter, Reporter mit großen Kameras, Blitzlichtgeräten und die „Wochenschau" schwirrten um sie herum. Romy trug einen hellgrauen Pelzmantel und winkte ihren Fans zu. Ganz nah standen wir vor unserm Star, der so herzlich lachte und sich offensichtlich über den ganzen Rummel riesig freute. Immer wieder drehte sie sich zu uns Teenager um, winkte und fragte, warum wir denn nur bei dieser Eiseskälte, ja bei diesem Sauwetter gekommen seien. Doch da waren schon die „Filmschaffenden", beschlagnahmten „unsere" Romy und schoben sie in eine Limousine.

1958 sollte das Schicksalsjahr für Romy Schneider werden. Es markierte die Wende in ihrem Leben, denn bei den Dreharbeiten zu „Christine" („Liebelei") verliebte sich die Zwanzigjährige in ihren Filmpartner Alain Delon und folgte ihm nach Frankreich.

Wir, die acht Schülerinnen, die ihren Filmstar bewundert hatten, erinnerten uns immer wieder an unseren ersten Besuch des Münchner Flughafens, aber auch an jene schreckliche Tragödie, die tags darauf die ganze Welt entsetzte.

Altes Schwabing - junges Schwabing

Damals, als uns die U-Bahn noch nicht in wenigen Minuten nach Schwabing brachte, ging man einfach zu Fuß den berühmten einen Kilometer von der Feldherrnhalle bis zum Siegestor und war in Schwabing. Wir kamen auf die breite, teilweise von Pappeln gesäumte 3,5 km lange Leopoldstraße, die nördlich vom Siegestor beginnt und die Stadtteile Maxvorstadt, Schwabing und Milbertshofen durchquert. Eigentlich nannte man die boulevardartige Fortsetzung der Prachtstraße Ludwig I. die „Leopold". Da kam einem unwillkürlich Lale Andersens Liebeserklärung an den Stadtteil in den Sinn, als sie 1966 erstmals sang:

„Gleich hinter'm Siegestor fängt mein geliebtes Schwabing an,
das niemand mehr vergessen kann,
der einmal seinem Zauber unterlag …"

Es war die Jugend, die in den Nachkriegsjahren hier den Ton angab und die Cafés und Kneipen, Nachtbars und Gastwirtschaften frequentierte und sich in rauchigen Buden, Kommunen oder anderen Sammelplätzen traf. War Schwabing auch noch das Künstlerviertel der Maler und Bildhauer, Literaten und Musiker, die hier in alten Zeiten ihre Heimat gefunden hatten? Ja, das war es!

Es war im Sommer 1948, dem Jahr der Währungsreform, als sich in Schwabing bildende Künstler und Literaten zusammenfanden und in der Gaststätte „Seerose" einen Stammtisch gründeten. Hier trafen sich die Künstler, die sich nach den Kriegswirren wieder zusammenfanden und junge Künstler, die hinzugewonnen werden konnten. Und weil das Herz vieler junger Studenten für die Kunst schlug, die Malerei und die Literatur ihre Leidenschaft war, zog es auch die, die keine Künstler oder noch keine waren, wöchentlich in die „Seerose".

Die meisten Maler, Grafiker und Bildhauer, die sich im „Seerosenkreis" zusammenfanden, waren zugleich Mitglieder der „Neuen Münchner Künstler-Genossenschaft", der „Münchner Sezession" oder der „Neuen Gruppe" gewesen. Zu ihnen gehörten Adolf Hartmann (1900–1972), Hugo von Habermann (1899–1981), Günter Graßmann (1900–1995), die Maler Erich Glette (1896–1981), Hans Olde (1895–1987), Conrad Westphal (1891–1976) und Toni Trepte.
„Ich habe sie alle kennengelernt und stellte fest, dass sie, um zu überleben, nebenher in anderen Berufen arbeiten mussten", erzählte Karl Denk, später der Chef des Bestattungsunternehmens Denk über die 1950er-Jahre, seine Leidenschaft für die Malerei und seine Zugehörigkeit zum „Seerosenkreis". „Bei mir war es genau umgekehrt. Ich hatte in unserem Familienbetrieb meinen vorgezeichneten Weg als Unternehmer mit einem ‚todsicheren' Einkommen, von der Kunst musste ich nicht leben! Und so entschloss ich mich dann schweren Herzens, doch Betriebswirtschaft zu studieren, bewunderte aber die, die sich der Kunst verschrieben hatten."
Und dann gab es noch jene Künstler, die versuchten, das Beste aus ihrem Leben zu machen oder eben nicht. Lebenskünstler waren sie, die Vorläufer der amerikanischen Hippies, die in Deutschland schlicht als „Gammler" bezeichnet wurden. Ihre Bühne war die Leopoldstraße, wo man sie „besichtigte". Die Gammler machten dieses Schauspiel mit: lange Haare, langer Bart, vergammelte Kleidung. Sie tranken ungeniert in aller Öffentlichkeit gerne Flaschenbier, konsumierten Haschisch und zeigten den „Spießern" eine lange Nase. Sie waren, so wie man sie sah und wie sie sich darstellten, als „Bürgerschreck" verpönt. Anders die „Revoluzzer", diejenigen die protestierten, weil sie mit dem Kapitalismus und der Wohlstandsgesellschaft nicht

Das Schwabinger Maleratelier des Franz Ferry Hauber in der Herzogstraße.

einverstanden waren. Der Protest begann 1962 und erreichte 1967 seinen ersten Höhepunkt in München. Als der Schah von Persien im Sommer in München weilte, demonstrierten 1500 Studenten gegen seinen Besuch und legten am „Platz der Opfer des Nationalsozialismus“ einen Kranz für die „Opfer des Schah-Regimes“ nieder.

Dann im Frühjahr 1968 zu Ostern kam es in München zu stürmischen Krawallen und Gewalt von Jugendlichen. Sie richteten sich gegen die hier gedruckte Ausgabe der Bild-Zeitung des Axel-Springer-Verlages. Als die Lage außer Kontrolle geriet, geschah das Entsetzliche. Durch Steinwürfe wurden zwei Menschen getötet – der Pressefotograf Klaus Frings und der Student Rüdiger Schreck. München war geschockt.

Doch es gab sie noch, die Schwabinger Idylle: prachtvolle Bauten aus den Gründerjahren, Jugendstil-Ornamentik an den Fassaden, stille Gärten, verträumte Villen und kleine Schlösser. Märkte, Kioske, Trinkhallen, verwilderte Ruinengrundstücke und Trödlerläden – das war Schwabing. Im Englischen Garten, von jeher Erholungspark der Münchner, sah man zuweilen Nackte und barbusige Sonnenanbeterinnen. Das alte Kinderkarussell drehte sich noch. Am Chinesischen Turm und am Kleinhesseloher See trank man wie eh und je sein Bier. Liebespaare sah man in der Nacht und Rentner am Nachmittag. Junge Reiterinnen und Reiter hoch zu Ross mit Pferden aus der Universitätsreitschule, auch die gehörten zu dem großen Park.

Auf dem Monopteros wurde der Säulentempel belagert, wie die Gazetten berichteten: „Junge Menschen mit viel Zeit und langen Haaren." Die einen fanden die „Eroberung des Monopteros" gesetzeswidrig und fürchterlich, die anderen das Spektakel eher harmlos und typisch für die „heutige Jugend", die das macht, was sie will. Immerhin war es etwas zum Hingehen und Anschauen.

Diejenigen, die am Abend nach Schwabing kamen, meistens freitags oder samstags, wollten nur ausgehen. Sie trafen sich gerne im „Schwabinger Burgkeller" oder kehrten bei der „Schwabinger Gisela" ein. Hier konnte man Prominente treffen und die Gisela sang fast immer eines ihrer Lieder. Hermann Breuer, der Jazz-Posaunist, spielte in der „Nachteule" und im „Käuzchen", Hans Küfner in der Tabu-Bar. Im „Hahnhof" auf der „Leopold" trafen sich die Studenten. Der Wein war preiswert, die Bohnensuppe „ein Gedicht" und das Brot kostete nichts. Das beste Eis schmeckte im „Rialto", oben auf der Terrasse serviert. Von dort konnte man herabschauen auf die Leopoldstraße, dann wenn es dunkel wurde, die Lichter angingen und das große Schaulaufen begann.

Nicht einer stammte aus München

Das aufkommende Selbstwertgefühl der Bundesdeutschen in den Nachkriegsjahren wurde auch kritisch betrachtet und zuweilen auf die Schippe genommen. Die Kleinkunstbühnen und Kabaretts schossen in der gesamten Bundesrepublik wie Pilze aus dem Boden. Die renommierten unter ihnen waren die Berliner Kabaretts „Die Stachelschweine" und das „Bügelbrett" sowie das „Kommödchen" in Düsseldorf. Zum erfolgreichsten Nachkriegskabarett entwickelten sich allerdings „die Namenlosen", aus denen dann „Die Münchner Lach- und Schießgesellschaft" hervorging.
Es war der Berliner Sportreporter Sammy Drechsel, Jahrgang 1925, der sich im Frühjahr 1955 in seiner neuen Wahlheimat München in dem Schwabinger Lokal „Die alte Laterne" umsah und das Programm des Studentenkabaretts „Die Namenlosen" entdeckte. Sammy Drechsel, als „Berliner Schnauze" bekannt, erinnerte sich: „Und da ich als Reporter nicht ganz ausgelastet war, in Berlin und München jedoch schon kleinere Kabarettsendungen gemacht hatte, verspürte ich wieder eine gewisse Sehnsucht nach dem Metier. So wurde ich zum eigentlichen Initiator der ‚Lach- und Schießgesellschaft'. Und weil die ‚Namenlosen' relativ gute Fußballer waren, so wie ich auch, hatten wir schnell Kontakt."
Klaus Havenstein, 1922 im brandenburgischen Wittenberge an der Elbe geboren, der Komödiant und das Dialektgenie des Ensembles erzählte über jene Jahre: „Als Sammy das neue Kabarett gründete, ging er äußerst diplomatisch vor. Eine solche Taktik könnte man auch ‚Bauernschläue' nennen. Und die sah damals in der Praxis so aus: Dieter Hildebrandt, 1927 im niederschlesischen Bunzlau geboren, war von vornherein an der Neugründung des Kabaretts interessiert, denn er wollte nicht mehr weg von München. Auf keinen Fall!

Ursula Herking, Dieter Hildebrandt, Klaus Havenstein und Hans-Jürgen Diedrich – die ersten Mitglieder der Münchner Lach-und-Schieß-Gesellschaft.

Ursula Herking zögerte anfangs. Sammy sagte zu ihr: ‚Der Havenstein macht mit, der Oliver Hassenkamp ist dabei und der Dieter, aber nur wenn du mitmachst‘ Und Klaus Havenstein betörte er: ‚Die Herking macht mit, der Dieter und der Oliver sind mit von der Partie, aber nur, wenn du dabei bist.‘ Sammy hat mich regelrecht bekniet, pausenlos angerufen und mir Tag und Nacht keine Ruhe mehr gelassen, bis ich zusagte. Ich dachte, in einigen Wochen wird dieser Laden ohnehin pleite machen.“ Das Chaos war so groß, keiner hatte mehr den Durchblick, der Sammy Drechsel auch nicht mehr. Am Schluss war es so, dass wir alle mitmachten. Nun kam auch der Jürgen Scheller, Jahrgang 1922, sage und schreibe ein ehemaliger U-Boot-Offizier aus Potsdam dazu. Obwohl der Scheller schon beim ‚Alten Simpl‘ engagiert war, lief er zu uns über, ‚Fahnenflucht‘!
Zu guter Letzt konnte Sammy noch unseren Komiker Hans-Jürgen Diedrich, den wir schlicht und ergreifend den „Dietsch“ nannten, überzeugen. Er wurde zum wertvollen Mitglied unserer Truppe, auch, weil er prima Texte schreiben konnte. Er hatte zudem die Ursula Noack aus Halle im Schlepptau, die von der Kieler Studententruppe ‚Die Amnestierten‘ ins Münchner Kabarett wechselte, nicht ohne ihren genialen Werner Kabel, den Pianisten und Komponisten des Ensembles mitzunehmen.“
Der Laden boomte, machte nicht pleite und alle machten mit. „Die Namenlosen“ wurden im Oktober 1956 als „Münchner Lach- und Schießgesellschaft“ neu gegründet und hatten am 12. Dezember des gleichen Jahres Premiere. Wer wollte da nicht dabei sein? In dem kleinen Schwabinger Bühnenlokal in der Haimhauser Straße saßen die Gäste dicht beieinander. Die von der „Lach- und Schieß“ waren witzig, frech und schlagfertig. Sie entsprachen dem Trend der Zeit. Man wollte kritisch sein, gegen die Adenauer-Politik opponieren, aber

nicht zu viel ... und man wollte zur Schwabinger Crème de la Crème gehören.
Das „kleine Schwarze“, die enge schwarze Hose mit dem schwarzen Rollkragen-Pullover oder das kleine Kostüm, das war es, was die Damen, wenn sie ausgingen, in den 1960er-Jahren trugen. Die Herren, salopp im Pulli mit Sakko, hielten sich an ihrer Pfeife fest. Alle qualmten die Bude voll, spielten gedankenverloren mit ihren goldenen Dupont-Feuerzeugen und trugen goldene Gliederarmbänder. Der eine oder andere Pelzmantel lag lässig über dem Stuhl, man schlürfte Modedrinks, trank Bier und Wein. Man wollte gern in Schwabing sein!

Hans Leibelt: Zu Gast im Hotel Vier Jahreszeiten

Hans Leibelt war ein bekannter Schauspieler, der aus der deutschen Theaterwelt und dem Filmgeschehen nicht wegzudenken war. Innerhalb eines halben Jahrhunderts wirkte der im Jahre 1885 bei Leipzig geborene Lehrersohn in über 100 Spielfilmen mit. Nicht die großen Rollen machten ihn berühmt, die Nebenrollen waren sein Terrain, in denen er auf der Bühne und im Film agierte. Er spielte Väter und Onkel, Direktoren und Diplomaten, Herren der „guten, alten Schule“ und solche, die schon aufgrund ihrer Leibesfülle wirtschaftlichen Wohlstand repräsentierten.

Seinen ersten Spielfilm mit dem Titel „Mysterien eines Friseursalons“ drehte er noch zu Stummfilmzeiten in München. Was für ein brillanter Einstand für Hans Leibelt in den damals so vielversprechenden jungen Bavaria Filmstudios, draußen in Geiselgasteig zu filmen, noch dazu mit Münchens Jahrhundertpaar Karl Valentin und Liesl Karlstadt und unter der Regie von Erich Engel und Bert Brecht. Hervorzuheben ist auch seine Rolle in der Filmkomödie „Die Feuerzangenbowle“ mit Heinz Rühmann, in der er den Direktor Knauer darstellte. 1962 erhielt Hans Leibelt für sein langjähriges und hervorragendes Wirken für den deutschen Film das „Filmband in Gold“ und im gleichen Jahr das Bundesverdienstkreuz.

Der Schauspieler hatte sich in München niedergelassen und lebte nach dem Tod seiner Frau im Jahre 1960 mit der Schauspielerin Hilli Wildenhain zusammen. „Ich habe immer gut gelebt“, gestand er während eines Interviews im Dezember 1973. „Viel Geld ist mir nicht geblieben, zumal ich in meinem hohen Alter nicht mehr vor der Kamera stehe. Nun ja, sparsam war ich eigentlich nie!“ Hans Leibelt hatte viele Jahre lang im Münch-

Hans Leibelt und Hilli Wildenhain.

ner Hotel Vier Jahreszeiten Silvester gefeiert und die hervorragende Küche, den Glanz und die Atmosphäre des Münchner Traditionshotels genossen. Zu seinem Erstaunen ließ der Hoteldirektor kurz vor Weihnachten anfragen, ob er denn mal wieder am letzten Tag des Jahres an der prächtigen Feier teilnehmen würde. Hans Leibelt musste verneinen. Darauf der Hoteldirektor: „Dann wären wir glücklich, gäben sie uns die Ehre Ihres Besuches. Wir laden Sie ein, an Silvester unser Gast zu sein. Lange Jahre haben sie uns die Treue gehalten, nun sind wir an der Reihe, ihnen unsere Treue zu zeigen Und, natürlich lassen wir sie abholen und dass sie gut wieder nach Hause kommen, dafür sorgen wir auch." „Ja", freute sich Hans Leibelt: „Der Smoking passt noch! Und so werden Hilli und ich den Jahreswechsel im Hotel Vier Jahreszeiten feiern."

Fasching in München: Damisch, aber ritterlich

Zwei besondere Ballnächte, nämlich die der „Damischen Ritter“ gehörten schon in den 1950er- und 1960er-Jahren zu den originellsten Faschingsveranstaltungen in der Stadt.
1948 wurden die beiden Faschingsfeste von der „Geselligen Vereinigung der Turmfalken“ wieder ins Leben gerufen. Tatsächlich gab es jene „Turmfalken“ schon seit den 1920er-Jahren. Als Bürgersängerzunft wollten sie eigentlich nur singen und zwar so, wie ihnen „der Schnabel gewachsen war“, eine Gaudi haben, lustig, fröhlich und gemütlich beisammen sein. Und weil Turmfalken gerne in höheren Bauwerken ihre Nester bauen, kam ihnen der Turm des Löwenbräukellers als Treffpunkt gerade recht. „Turmfalke“ konnte nicht jeder werden. Nur wer etwas „Gold in der Kehle“ hatte oder sich sonst auf irgendeinem Gebiet als Solist befähigte, wurde aufgenommen, denn die „Turmfalken“ suchten sich ihre „Vögel“ selbst aus. Wer nicht dabei sein konnte, der war willkommen alljährlich in den wilden „Nächten der Turmfalken“. „Damisch, aber ritterlich“ hieß die Parole. Und damisch und ritterlich waren auch die Masken.
Nicht in der Lederhose erschien der Mann, auch nicht als Torero, nicht als Matrose und nicht im Smoking, sondern verkleidet als Ritter oder Landsknecht, die Damen als Marketenderinnen, Edelfrauen, Burgfräulein oder Zigeunerinnen. Die sonst biederen Münchnerinnen und Münchner pilgerten zur Gaudihochburg am Stiglmaierplatz. Dort traf sich alles, was eine Karte bekommen hatte, um dem Herzog Kasimir die Referenz zu erweisen. Selbst dem hartgesottensten Spießbürger entlockte der Anblick dieses ausgeflippten Heerhaufens ein fröhliches Schmunzeln. Höhepunkt der Gaudi war neben dem Ritterspiel

Beim Faschingsball der „Damischen Ritter".

der Einzug des gewichtigen Herzogs Kasimir. Auf einem Holzpferd reitend, begrüßte er seine Untertanen, die ausgelassen ihre blechernen Rüstungen scheppern ließen und dröhnend im Chor immer wieder ihr Schlachtlied schmetterten. Kein Geringerer als Karl Valentin hatte es einst komponiert und getextet:

Zu Grünwald im Isartal, glaubt es mir, es war einmal,
da ham edle Ritter g'haust, dene hat's vor gar nix graust.
Ja, so warn s', ja so warn s', die alten Rittersleut',
ja so warn s', die alten Rittersleut.

In der Au

Noch in den 1950er-Jahren war es so, als wäre die Zeit stehen geblieben und es hätte keinen Krieg gegeben. So scheinbar idyllisch sah es in den Nachkriegsjahren in der Au aus. Manche der alten Herbergshäuschen standen noch bis in die 1980er-Jahre und wichen ganz allmählich. Wie unberührt steht dort die neugotische Mariahilfkirche. Das Wahrzeichen der Au wurde in den Bombennächten des Krieges bis auf die Außenmauern zerstört. 1953 wurde der Wiederaufbau nach den Plänen der beiden Architekten Hans Döllgast und Michael Steinbrecher vollendet.

Alte Herberge am Maria-Hilf-Platz.

Maxl Graf, der „Stolz von der Au“.

Einst, noch zu Beginn des letzten Jahrhunderts, war die Au ein Armen- und Arbeiterviertel gewesen. Der Lohn der Schaffenden war gering, und die abweisenden Blicke der Bürgersleute sprachen davon, dass man den Taglöhnern und Fabrikgesellen, den Handlangern und den Dienstleuten wenig wohlgesonnen war. So lebten sie drüben in der Vorstadt Au, wo es gar schäbig zuging und die Not an die Türen der Herbergen anklopfte. Dicht und eng war es dort rechts der Isar, dort, wo die Mehrheit der Menschen in ihren armseligen Quartieren hauste.

Einst war die Au eine eigene Stadt gewesen, die zehntgrößte Bayerns. 1854 wurde sie in die Königliche Residenzstadt München eingemeindet.

Der Mariahilfplatz, wo heute dreimal jährlich die Auer Dult, Münchens größter Jahrmarkt, stattfindet, war früher mit Obstbäumen

bepflanzt. Dies geschah aus praktischen Gründen, denn zum einen um Obst für die Menschen zu haben und zum anderen, um der Jugend zu zeigen, wie man Obstbäume hegt und pflegt. Sozusagen eine „Baumschule“ im wahrsten Sinne des Wortes.
Nach alter Tradition eröffnet die Maidult im Frühling den ersten Jahrmarkt, gefolgt von der Jakobidult im Sommer, und im Herbst ist es die Kirchweihdult, die viele Besucher anzieht. Hier in der Au wurde der Münchner Volkssänger und Volksschauspieler Karl Valentin geboren und wuchs in der Zeppelinstraße auf. Einen gab's, der war der „Stolz von der Au“. Es war der Urmünchner Maxl Graf, der sich mit dem Lied „I bin der Stolz von der Au“ verewigte und dem Stadtteil ein Denkmal gesetzt hat.

1954: Jahr der Freude - Jahr der Trauer!

In einem spannenden Spiel gewannen die „Helden von Bern“ am 4. Juli 1954 sensationell mit 3:2 gegen Ungarn die Fußballweltmeisterschaft. Ganz München war auf den Beinen, als in einem Autokorso die deutsche Nationalmannschaft, von den Menschen gefeiert, am 6. Juli 1954 durch die Münchner Innenstadt fuhr. Auch fußballbegeisterte Schulkinder aus der Au mögen wohl in die Stadt gekommen sein, um ihre Fußballhelden zu bejubeln, waren sie doch alle fußballbegeistert, so wie wohl auch der neunjährige Franz Beckenbauer aus Giesing. In München und im ganzen Land war der Jubel groß: Wir sind Weltmeister! Man war wieder wer!
Dann geschah das Unfassbare: Am 22. Juli 1954 verschwand der neun Jahre alte Bernhard Grodl aus der Schornstraße in

der Au. Zuletzt hatte der Bub eine kurze Lederhose, ein rotkariertes Hemd und braune Sandalen getragen. Am Abend kehrte er nicht mehr zu seiner Großmutter, bei der er unter der Woche wohnte, weil seine Mutter berufstätig ist, zurück. In der Münchner Schornstraße behaupteten die Leute, dass der Bub auf keinen Fall aus Abenteuerlust weggelaufen sei. Bernhard war zuletzt im Müller'schen Volksbad gewesen.

Bernhard Grodl, eines der vermissten Kinder.

Dann, am 11. August 1954, verschwand der zweite Junge aus der Au. Dieses Mal kam der zehnjährige Siegfried Metz nicht mehr heim. 40 Meter von seiner Wohnung entfernt, verlor sich seine Spur. „Siegfried, 1,30 m groß, schlank, mit dichtem, braunen, nach links gescheiteltem Haar, trug einen grünen Pullover, eine beigefarbene kurze Stoffhose und schwarz Segeltuchschuhe", so lautete die Suchmeldung der Polizei.
Nicht nur die Eltern und Freunde der Jungen waren schockiert, ganz München war bestürzt und alarmiert. Es begann die größte Suchaktion der Nachkriegszeit. Ruinengrundstücke und Keller wurden von der Polizei mit Spürhunden systematisch abgesucht. Die Bierlagerkeller der Au und in Haidhausen wurden durchkämmt, das Salesianum, die Kirchen, der Ostfriedhof, die Bahngelände, der Auer Mühlbach und die Isar wurden ins Visier genommen. Ganz München half, die Buben zu finden. Interpol wurde verständigt. Der Bayerische Rundfunk berichtete laufend über die Suchaktionen. Doch es fehlte jede Spur von beiden Buben.
Die großen gelben Plakate auf den Litfaßsäulen der Stadt wiesen auf ein Verbrechen hin. Sie wurden schon Ende August angeklebt. Seitdem schauten auf die Passanten die Bilder von den beiden Buben, der eine blond, der andere mit braunem Haar.
Immer wieder hieß es, sie seien spurlos verschwunden. Alle Ermittlungen verliefen im Sande. 12 000 D-Mark Belohnung versprach Münchens Polizeipräsident für sachdienliche Hinweise zur Ergreifung des oder der Täter. Es war der mysteriöseste Kriminalfall Bayerns seit Jahrzehnten. Für zwei Familien aber bedeutete es das erste traurige Weihnachtsfest ohne ihre Söhne. Übrig blieb nur die Hoffnung, dass die Kinder noch leben.
Einen Tag vor Weihnachten, am 23.12.1954, berichtete ein Reporter der Süddeutschen Zeitung über seine mysteriöse Entdeckung: „Verschwunden – wie in des Rattenfängers Berg die

Sage von Hameln in Bernhard Grodls Schulheft." In der Zeitung war zu lesen: „Im Gang der Mansardenwohnung an der Schornstraße hängt eine Schaukel. Seit dem 22. Juli hat sie niemand mehr berührt. An diesem Tag ging der neunjährige Bernhard Grodl nach dem Mittagessen aus dem Haus zum Baden ins Volksbad. Vor dem Mittagessen hatte ihm seine Großmutter eine Schönschriftaufgabe gegeben, die er in sein Heft schrieb, das der SZ-Reporter entdeckte. Darin stand:

„Der ganze Kinderschwarm, mit der Pfeife singend und tanzend, ging mit dem Mann zum Tor hinaus. Er führt sie an einen Berg, vor dem er hinschritt, als ob dort eine Türe sei. Und wirklich öffnete sich der Berg und der Mann mit allen Kindern verschwand darin. Die Eltern liefen haufenweise vor alle Tore und suchten ihre Kinder. Die Mütter fingen an zu schreien. Es waren im ganzen 120 verloren. Aber nirgendwoher kam von den Kindern eine Nachricht." Auf die nächste Seite malte er noch das Datum des 23. Juli. Dann legte er den Federhalter weg, nahm seine Bademappe, ging und kam nicht mehr zurück."

Uns Kinder, die damals gleichaltrig waren, erschütterte dieser Zeitungsbericht, denn er hatte schnell die Runde gemacht. Was war mit den Kindern geschehen? Lange forschte die Münchner Polizei und dies immer wieder. Der Fall aus dem Jahre 1954, der damals ganz München erschütterte, blieb ungeklärt! Wo war der „Rattenfänger?"

Maxl Graf: „Mir genga net unter!"

Er hatte den umwerfenden Charme eines schneidigen Münchner Burschen, eine herzerfrischende, burschikose Freundlichkeit, die blitzschnell in ein gesichtsverdunkelndes Granteln umschlagen konnte und ein lausbubenhaftes Augenzwinkern, das zu jeder Schandtat einlud. Der sympathische Schlawiner war der Hahn im Korb und mit Vehemenz und der übermütigen Leichtigkeit eines Frischverliebten strotzte er nur so vor seinem Publikum, wenn er auf der Bühne des „Komödienstadels" stand. Maximilian Reinhold Friedrich Graf wurde am 25. September 1933 in München geboren. Der Vater, von Beruf Reichsbahnbeamter, schickte seinen Filius in die Oberrealschule und verlangte, dass der Maxl das Abitur machte und bestand. So wie es sich damals gehörte, folgte der Sohn pflichtgetreu dem Vater, obwohl ihm die Studiererei so gar keine rechte Freude machen wollte. Lokomotivführer zu werden, wäre sein Wunsch gewesen. Vielleicht wäre es auch dazu gekommen, wenn nicht 1947 der Bayerische Rundfunk fünfzehn Buben und Mädchen für die Kinderstunde gesucht hätte. Es meldeten sich 750 Kinder. Unter den Auserwählten war auch der Maximilian Graf dabei. „Ich war damals 14 Jahre alt und erhielt gleich eine Rolle in der Sendereihe „Christa und Maxl". Auch für „Christa", die 13-jährige Christa Berndl war diese Kinderhörfunkreihe entscheidend für ihre spätere Berufswahl als Schauspielerin.

„Als ich ein Jahr später, gleich nach der Währungsreform, eine Honorar von 15 DM erhielt, war ich zu Hause der König", erinnerte sich der Schauspieler. „Dass ich dann später bei der Aufnahmeprüfung in die renommierte Otto-Falckenberg-Schule durchgefallen bin, hat mich damals sehr gewurmt. Trotzdem habe ich es als Schauspieler geschafft, weil ich dann in Franz

Maxl Graf als Faschingsprinz 1963.

Fröhlich und Wastl Witt zwei Lehrer gefunden habe, die mir kostenlos das beigebracht haben, was man alles auf der Bühne oder vor der Kamera können muss."

Die Chance für den Start als Volksschauspieler, der das Fernsehpublikum der ganzen Republik vor den Bildschirm lockte, hat ihm Regisseur Olf Fischer gegeben. Das war im Jahre 1960. Max Graf erhielt neben Franz Fröhlich und Michl Lang seine erste Bildschirm- und Hauptrolle. Mit den „Drei Eisbären" brach der 27-Jährige mit seiner herzerfrischenden Lebenslust das Fernseheis. Und während er noch in der Serie „Isar 12" einen Verbrecher mimen musste, avancierte er in der populären Serie „Die seltsamen Methode des Franz Josef Wanninger" zum pfiffigen Kriminalassistenten Fröschl, den er in über 100 Folgen darstellte. Aus vielen der unzähligen Folgen der Fernsehreihe „Komödienstadel" war der „Urmünchner aus komischen und volkstümlichen Bühnenstücken nicht mehr wegzudenken. Un-

vergessen seine Rollen als „Graf Schorschi“ (1962) oder in der „Pfingstorgel“ (1965), eine „Moritat aus dem Gäuboden“, mit der zauberhaften Gerlinde Locker an seiner Seite.
Seine enorme Popularität in jenen „Wirtschaftswunderjahren“ veranlasste die Münchner Faschingsgesellschaft „Narhalla“ den feschen Schauspieler zu ihrem Faschingsprinzen zu küren. Zusammen mit seiner „Prinzessin“ Monika Böhm und Poppy Eglingers Prinzengarde standen beide im brodelnden Mittelpunkt der Faschingssaison 1963, tanzten von Ball zu Ball durch die tollen Nächte.
Und weil das Urtalent Maxl Graf voller Übermut und Lebensfreude war, drückte er seine Daseinsfreude im Gesang aus. Viele seiner Lieder, wie „I bin der Stolz von da Au“, „Mir genga net unter“ oder sein Paradestück „Der Fensterputzer Kare“, waren ihm wie auf den Leib geschrieben. Als Volkssänger und Schauspieler berühmt geworden, moderierte er in den 1970er-Jahren mit Ruth Kappelsberger und später mit Lolita jahrelang „Die lustigen Musikanten“ und wurde zum Publikumsliebling des Fernsehens.
Dann, im Jahre 1975, kam der schwarze Tag im Leben des Maxl Graf. Bei einem schweren Verkehrsunfall erlitt der Schauspieler einen Genickbruch und überlebte. Wie durch ein Wunder blieb keine Lähmung zurück und er konnte nach einigen Monaten wieder auf der Bühne stehen.
Die Geborgenheit seiner Familie gab dem Künstler Halt, als er in den 1990er-Jahren unheilbar an Leberkrebs erkrankte. Maxl Graf starb am 18. März 1996. Zu früh ist er von uns gegangen. Gerne hätten wir den „Münchner Buam“ noch länger bei uns behalten. Was Bayern mit ihm verloren hatte, formulierte der Regisseur Kurt Wilhelm damals so: „Er war ein wirklich großer Volksschauspieler, mit echtem unverstelltem Ton und stets starker Präsenz, auf seine Art unersetzbar.“

Die Einladung an die Welt

20 Jahre nach Beendigung des Zweiten Weltkrieges, am 29. November 1965, wagte die Stadt München das größte Abenteuer seiner Nachkriegsgeschichte. Selbstbewusst bewarb sich die Stadt beim Internationalen Olympischen Komitee auf dessen Sitzung in Rom um die Ausrichtung der Olympischen Sommerspiele 1972. Die Schlagzeilen in den Zeitungen ließen die Bürger staunen: „Ja, da schau her!" Die Münchner waren stolz auf ihre wieder aufgebaute Stadt, und schnell verbreitete sich die freudige Nachricht.
Die Idee dazu kam vom Zweiten Bürgermeister der Stadt, Georg Brauchle. Als er nämlich im Herbst 1963 in Innsbruck die Anlagen für die Olympischen Winterspiele 1964 besichtigen konnte, sagte er nach München zurückgekehrt: „Olympische Spiele in München, die wären ganz schön", und später: „Die Idee war von mir!" Oberbürgermeister Hans-Jochen Vogel griff den Gedanken auf und als NOK-Präsident Willi Daume im Oktober 1964 von einer Madrider Tagung zurückkam und berichtete, dass man noch nach einer idealen Olympiastadt Ausschau halte, gab es kein Halten mehr. Nun kam der Stein ins Rollen. Bundeskanzler Ludwig Erhard und der bayerische Ministerpräsident Alfons Goppel wurden umgehend informiert. Schnell war man sich einig: München würde sich bewerben. Der Plan war zunächst streng geheim. Eine Kommission prüfte, ob München imstande wäre, die Spiele zu veranstalten. Die Antwort lautete: „Ja!" Am 29. November 1965 teilte unser Oberbürgermeister dann auf einer Pressekonferenz mit, die bayerische Landeshauptstadt prüfe, ob sie sich um die Ausrichtung der Olympischen Spiele 1972 bewerben sollte. Die Schlagzeilen der Presse gehen in alle Welt: „München bewirbt sich um die Olympischen Spiele 1972".

Georg Brauchle – er hatte die Idee, die Olympischen Spiele nach München zu holen.

Leider hat Georg Brauchle, seit 1960 der zweite Bürgermeister Münchens, die Erfüllung seines Traumes von den Olympischen Spielen nicht mehr erlebt. Er starb am 23. April 1968 an den Folgen eines Verkehrsunfalls. Nach ihm wurde der Georg-Brauchle-Ring, eine Straße im Norden Münchens, benannt. Der Streckenabschnitt zwischen Landshuter Allee und Petuelring ist ein Teil des Mittleren Ringes, der westliche Teil führt zu der Westtangente des teilweise verwirklichten Äußeren Rings.

Countdown zur XX. Olympiade

Beim Umtrunk am 23.7.1970 anlässlich des Richtfestes für die Hochbauten der olympischen Anlagen, verkündete Münchens Oberbürgermeister Dr. Hans-Jochen Vogel in seiner Festansprache frohgelaunt: „München ist olympiareif! Alles klappte wie am Schnürchen." Als der OB sich dann bei den Olympia-Gastarbeitern in ihrer jeweiligen Heimatsprache für ihre „Olympiahilfe" bedankt hatte, wurde der Beifall zum Orkan, besonders, als er übermütig erklärt: „Ich hatte einen italienischen Urgroßvater, jugoslawisch kann ich ein paar Brocken, Griechisch von der Schule her und das Türkische lernte ich in 25 Minuten! Am 14. Juli 1969 wurde der Grundstein für die Olympiabauten auf dem Oberwiesenfeld gelegt. Heute, gut ein Jahr später, feiern wir das Richtfest und im nächsten Jahr sollen die Bauten im Wesentlichen fertiggestellt sein. Wir haben also ungefähr die halbe Wegstrecke zurückgelegt und ich meine, das ist schon ein Grund zum Feiern!"

Sein Dank galt allen Beteiligten, voran den rund 3000 Arbeitern. Das Richtfest für das Olympiastadion, die Mehrzweckhalle, die Schwimmhalle und die zentrale Hochschul-Sportanlage war der große Tag der Münchner Olympia-Bauer, die wohlwollend dem Festakt zustimmten: „Da schau her!", denn Fahnenschmuck, ein großer Richtbaum, Blasmusik und eine zünftige Brotzeit mit Freibier gaben der Feier einen würdigen Glanz.

Sichtlich erfreut über das Erreichte war Carl Mertz, Hauptgeschäftsführer der Olympia-Baugesellschaft. „Wir haben den Wettkampf gegen die Zeit gewonnen und sind rechtzeitig fertig geworden." Olympia-Boss Willi Daume, der Präsident des Organisationskomitees, war nicht minder stolz und präsentierte das Maskottchen für die Spiele, einen 84 Tage alten

Münchens Oberbürgermeister Hans-Jochen Vogel.

Rauhaardackel, der kräftig bellte und auf den Namen Waldi getauft wurde.
Der Bau des Olympiageländes stand unter dem Motto „Olympische Spiele im Grünen“ Und so wurde auf dem Oberwiesenfeld vom Reißbrett her eine Parklandschaft angelegt. Und diese sah so aus: 10 000 000 Kubikmeter Schutt war die traurige Bilanz der Trümmerbeseitigung der kriegszerstörten Stadt. Schutt, der jahrelang aus der Stadt abgefahren und auf dem Oberwiesenfeld auf hohen Halden abgeladen wurde. Ein trauriger Anblick, der die Menschen immer wieder an jene schreckliche Zeit des Krieges erinnerte. Für die „Olympischen Spiele im Grünen“ wurden sieben Millionenen Kubikmeter Erde auf das Gelände versetzt und bis 1972 mit insgesamt 3100 großen Bäumen bepflanzt. So wurde aus Münchens Trümmerberg der über 60 Meter hohe Olympiaberg.
Charakteristisch für den Olympiapark ist die atemberaubende Zeltdachkonstruktion, die zur Zeit der Errichtung als eine optische und statische Sensation galt. „Das Wunder“, die 74 800 qm große auf 58 Stahlmasten hängende und aus lichtdurchlässigem Plexiglas bestehende Konstruktion, wurde errichtet nach den Plänen von Frei Otto. Und so kam viel Lob nach München. Der Kunstkritiker Gottfried Knapp schrieb dazu:
„Das Münchner Olympiagelände ist das in aller Welt wahrgenommene, architektonische Symbol für die geistige Freiheit und die heitere Offenheit, die sich die Deutschen nach Diktatur und Krieg erarbeitet haben. Man könnte die Olympiabauten also als das eigentliche Wahrzeichen der Bundesrepublik bezeichnen.“
Mit der Eröffnungsfeier wurden alle die, die daran beteiligt waren, dass die Olympischen Spiele wohl gelingen, belohnt. 62 000 Zuschauer sangen die Nationalhymne. Musikalisch begleitet wurde der Einzug der Nationen von der „Big Band Kurt

Hostessen der Olympiade von 1972.

Edelhagen“ mit europäischer, amerikanischer, afrikanischer und südamerikanischer ja sogar arabischer und chinesischer Musik. Es folgen 3500 Schulkinder, die zusammen mit den Tölzer Sängerknaben die Gäste mit selbstgebundenen Blumenbögen und Blumensträußen begrüßten. Anerkennend schrieb die amerikanische Zeitung „Daily News“:
„„Flower Power‘“ verkündeten die Münchner Schulkinder – sie sind der Geist der Münchner Spiele – der Geist eines neu erstandenen Deutschlands.“

Dass auf die heitere und fröhliche Eröffnungsfeier bald eine Trauerfeier folgen würde, lag nicht in unserer Hand. Doch das Unfassbare war geschehen: das Olympia-Attentat. Am 5. September 1972 war ein Anschlag der palästinensischen Terrororganisation „Schwarzer September“ auf die israelische Mannschaft verübt worden. Es begann als Geiselnahme und endete mit der Tötung aller elf Geiseln sowie dem Tod von fünf Geiselnehmern und eines Polizisten.

Für einen Tag wurden die XX. Olympischen Spiele ausgesetzt, dann verkündete IOC-Präsident Avery Brundage: „The games must go on!“